新时代智库出版的领跑者

国家智库报告 2023(24)
National Think Tank
国际问题研究

# 中印能源转型的现状与挑战

王永中 田慧芳 等著

ENERGY TRANSITION IN CHINA AND INDIA:
CURRENT CIRCUMSTANCES AND CHALLENGES

中国社会科学出版社

## 图书在版编目(CIP)数据

中印能源转型的现状与挑战/王永中等著.—北京：中国社会科学出版社，2023.6

（国家智库报告）

ISBN 978-7-5227-1996-2

Ⅰ.①中… Ⅱ.①王… Ⅲ.①能源经济—经济合作—国际合作—研究—中国、印度 Ⅳ.①F426.2②F435.162

中国国家版本馆 CIP 数据核字（2023）第 097998 号

| | |
|---|---|
| 出 版 人 | 赵剑英 |
| 项目统筹 | 王 茵 喻 苗 |
| 责任编辑 | 周 佳 范娟荣 |
| 责任校对 | 郝阳洋 |
| 责任印制 | 李寡寡 |

| | |
|---|---|
| 出　　版 | 中国社会科学出版社 |
| 社　　址 | 北京鼓楼西大街甲 158 号 |
| 邮　　编 | 100720 |
| 网　　址 | http://www.csspw.cn |
| 发 行 部 | 010-84083685 |
| 门 市 部 | 010-84029450 |
| 经　　销 | 新华书店及其他书店 |

| | |
|---|---|
| 印刷装订 | 北京君升印刷有限公司 |
| 版　　次 | 2023 年 6 月第 1 版 |
| 印　　次 | 2023 年 6 月第 1 次印刷 |
| 开　　本 | 787×1092　1/16 |
| 印　　张 | 11.75 |
| 插　　页 | 2 |
| 字　　数 | 155 千字 |
| 定　　价 | 68.00 元 |

凡购买中国社会科学出版社图书，如有质量问题请与本社营销中心联系调换
电话：010-84083683
**版权所有　侵权必究**

**主要作者**

王永中　中国社会科学院世界经济与政治研究所国际大宗商品研究室主任、研究员

田慧芳　中国社会科学院世界经济与政治研究所国际大宗商品研究室副主任、副研究员

魏　蔚　中国社会科学院世界经济与政治研究所副研究员

万　军　中国社会科学院世界经济与政治研究所副研究员

周伊敏　中国社会科学院世界经济与政治研究所助理研究员

林　屾　中国社会科学院世界经济与政治研究所助理研究员

张春宇　中国社会科学院西亚非洲研究所副研究员

**摘要：**本报告重点从油气、煤炭、清洁能源行业以及能源贸易投资等角度，比较分析中印能源转型发展的状况与面临的挑战，并提出相关政策建议。

中印能源禀赋总体上类似。中印两国均拥有超过10亿的人口，是全球增长最快的经济体之一，也是全球碳排放大国。随着经济规模的不断扩大和经济发展水平的迅速提高，两国能源需求量日益增长，能源供给压力也越来越大。2020年，中国和印度一次能源消费分别占世界一次能源消费总量的26.1%和5.7%，二者相加接近全球一次能源消费总量的1/3。与旺盛的能源需求相比，两国的石油和天然气储量和产量都比较贫乏，能源对外依存度居高不下。以煤炭为主的能源消费结构使两国的碳排放量增大，2020年中国和印度的碳排放量占全球碳排放总量的份额分别为30.7%和7.1%。目前，能源转型已经被列入中国和印度的最高议程。两国均制定了在21世纪中叶左右实现碳中和的转型计划，并拟定了相应的长期发展战略。可以说，中印未来经济发展面临着越来越相似的经济增长、能源安全、节能提效、环境保护的压力，相互借鉴与合作的需求强烈。

中印两国均为改变世界能源格局的关键力量。目前，能源领域的一个明显变化是世界能源需求重心由西方转向东方，由发达国家转为新兴经济体。根据国际能源署（IEA）数据，2000年经济合作与发展组织（OECD）国家的石油消费占世界石油消费总量的45%，但随着以中国和印度为代表的新兴经济体对能源需求的迅速增长，OECD石油需求占全球比例将在2040年下降到30%以下，而中印两国的石油消费总量将在2040年占全球的25%以上。伴随能源消费的增加，中印两国碳排放总量也将显著增长。为降低碳排放总量，中印等新兴经济体需要在提高能源效率的同时发展新能源，但发展新能源面临着技术进步和成本压缩等两大关键问题。如何在降低碳排放增速的同时不影响经济增长，是中印面对的共同问题。

中印两国能源需求增长具有相似的驱动力。驱动力之一是经济高速增长。过去几十年及至未来一段时间，中国和印度都是世界经济增速较快的经济体。目前，两国都处在工业化进程中，对能源的需求量将越来越高。驱动力之二是人口的增加。2040年，中印两国人口总和将超过30亿，约占全球人口总量的1/3以上。庞大的人口数量，伴随着两国经济的快速增长、人均收入的不断提高，将带来对能源的巨大需求。驱动力之三是交通的大发展。随着城市化水平和人均收入的提高，交通领域的能源消费将在中印两国未来的能源消费结构中占据重要地位。据IEA的预测，中国交通运输部门消耗的能源占一次能源消费的比重将从1990年的3.98%上升到2040年的近13%，印度占比则将从1990年的6.84%上升到2040年的近15%。

中印能源产业的差异性和互补性给两国深化能源合作提供了巨大空间。除油气资源禀赋贫乏的共同特征外，中印能源产业结构的差异较大。中国在能源的设计技术、设备制造、基础设施建设、投融资能力等领域占据优势，而印度在能源信息化管理领域处于领先地位。具体而言，中印能源的互补性或差异性体现在：中国在燃煤火电、核能、太阳能、风能、电网（特高压）等能源的技术和设备制造领先印度，且资金实力和工程施工能力显著强于印度；而印度在能源信息化管理和企业国际化程度方面具有优势。在太阳能和风能领域，中国的技术先进，设备成本低，而印度具有丰富的太阳能和风能资源，但光伏与风电设备制造业发展较薄弱，中印可通过合资、技术转让等方式，增加对光伏、风电行业的投资。在燃煤发电设备制造、大型电站的设计和制造、水电成套设备制造、电网的建设与管理等方面，中国具有成熟的技术和丰富的经验，而电力供应短缺与电网建设滞后却一直是制约印度经济发展的重要掣肘。

在中国绿色"一带一路"建设持续推进的背景下，中印两国能源合作已具备深厚的基础。印度作为南亚地区最大的国家，是连接亚洲、非洲和中东地区的重要枢纽,是"一带一路"经济带关键一环。虽然目前印度国内对"一带一路"倡议存在一些误读,但由于"一带一路"倡议实际上符合印度利益,尤其有利于印度经济发展,因此所谓的误读和争议更多的是政治和外交上的考量;在经济层面,"一带一路"倡议在印度受到大多数企业的欢迎,自"一带一路"倡议提出以来,中印双方企业已经开展了多项"一带一路"框架下的项目合作。"一带一路"倡议与印度自身的发展战略相契合。中印两国在金砖合作机制、上海合作组织等多边合作框架下也开展了不同程度的能源合作。中国对印度的能源投资基本采取绿地投资模式,高度集中于发电行业,化石能源行业投资规模较小。

中印两国深化能源转型合作面临着严峻挑战,特别是在两国存在边界争端、双方政治互信不足的大背景下。这需要双方在建构认同、引导舆论方面多发力,充分利用中印之间现有政治、经济、文化、安全等各种双边、区域、多边机制,并结合智库、媒体等"二轨外交",推动两国各界加深互信,管控分歧、聚焦共识,防止他国利用分歧使亚洲最大的两个发展中经济体形成战略内耗。鉴于中印两国均为二十国集团(G20)重要成员,有必要依托 G20 框架推进中印能源合作,提升两国在全球能源治理中的话语权。

**关键词:** 中印;能源转型;现状;挑战

**Abstract**: Focusing on oil and gas, coal and clean energy industries as well as energy trade and investment, this report compares and analyzes the current status and challenges of energy transition in China and India so as to draw suggestions for relevant policymaking.

China and India share similar resource endowment. With a respective population of over 1 billion, both of the two countries are among the fastest growing economies and major carbon emitters in the world. As their demands for energy grow along with the economic expansion and upgrade, the two countries are under increasing energy supply pressure. In 2020, the primary energy consumption in China and India accounted for 26.1% and 5.7% of the world's total respectively and nearly one-third when combined. In stark contrast to the strong energy demand, both of the two countries have poor petroleum and natural gas reserve and production, which leads to high dependence on import. The coal-based energy consumption mix results in high carbon release, with China and India taking up 30.7% and 7.1% respectively of total global carbon emissions in 2020. Energy transition is now the priority for the agenda of two countries, including ambitious goals to achieve carbon neutrality around the middle of this century and long-term strategies for that matter. Therefore, China and India are equally challenged in terms of economic growth, energy security and efficiency, and environmental protection, and there is significant need for mutual learning and cooperation.

China and India are key forces in promoting the transition of the world energy landscape. At present, a clear shift in the energy sector is that the world energy demand is leaning more from the West to the East and from developed countries to emerging ones. According to the International Energy Agency (IEA), OECD countries' petroleum consumption accounted for 45% of the world's total in 2000. However, with the rapid growth of energy demand in emerging economies represented by China and India, the OECD countries proportion will drop to less than 30% in 2040 while that of China and India will rise to more than 25%. To cut the carbon emission that grows as a result of increasing energy consumption, in addition to improving energy efficiency, emerging economies including China and India need to develop new energy, which entails two key factors of technology advance and cost compression. Slowing down carbon emission while maintaining economic growth would be a common issue faced by China and India.

China and India have similar drivers for the growth of energy demand. First, the high-speed development of economy. Over the past few decades and for the near future to come, the two countries were and will remain among the fastest growing economies around the world. Considering the ongoing industrialization of the two countries, their energy demand will keep growing. Second, the growing population. By 2040, the two countries' population will exceed 3 billion, more than one-third of the global volume. The huge population will lead to a huge demand for energy in the context of the growing economy and per capita income. Third, the development of transportation sector. With the promotion of urbanization and the increasing per capita income, energy consumption in transportation will occupy a critical position in the future energy consumption structure of China and India. IEA estimates that the proportion of China's energy consumption in transportation on primary energy consumption will rise from 3.98% in 1990 to nearly 13% in 2040, and that for India will rise from 6.84% to nearly 15%.

Energy industries in China and India are different yet complementary, which provides opportunities for deepening energy cooperation. Apart from the similar resource endowment of insufficiency in petroleum and gas stock, energy industries in China and India are of difference in terms of the structure. On one hand, China has advantage in technology, equipment manufacturing, infrastructure construction, investment and financing. On the other hand, India takes a leading role in the energy informational management. Specifically, China advances in technology and equipment manufacturing for coal-fired, nuclear energy, solar and wind energy, and power grid (extra high voltage) with significantly stronger financial strength and engineering capabilities, while India is better in energy informational management and corporate internationalization. In the field of solar and wind energy, China with advanced technology and low equipment cost, and India with abundant solar and wind energy resources, but weak equipment manufacturing. China and India can boost investment in photovoltaic and wind power industries through joint ventures and technology transfer. As for coal-fired power equipment manufacturing, design and manufacturing of large power plants, manufacturing of complete set of equipment regarding hydropower, major power station design and construction, hydropower equipment manufacturing and power grid construction and management, China is experienced with developed technologies, while the shortage of power supply and underdeveloped power grids have been important constraints on India's economic growth.

The ongoing Green Belt and Road Initiative (BRI) of China has laid a solid foundation for energy cooperation between the two countries. As the largest country in South Asia, India is an important hub connecting Asia, Africa and the Middle East and a key link in the Silk Road Economic Belt. Despite that there are misinterpretations of the BRI in India, the BRI is in line with the interest, especially economic interest of India. Such misinterpretations are of more political and diplomatic consideration. In the economic level, the BRI is welcomed by most of the Indian enterprises who have in fact concluded multiple projects with Chinese companies under the BRI framework. The BRI is in line with India's own development strategy. In addition to the BRI, Chinese and Indian enterprises have worked together on energy under multilateral mechanisms like BRICS and Shanghai Cooperation Organization as well. China's energy investment in India adopts a greenfield investment model, highly concentrated in the power generation industry with a very small scale in the fossil energy.

China and India face severe challenges in deepening cooperation on energy transition, especially against the backdrop of border disputes and the lack of mutual political trust. Mutual recognition and public opinion guiding are essential for addressing to the issue. It is recommended to make full use of the existing regional, bilateral and multilateral mechanisms in politics, economy, culture and security between China and India, and utilize the "Track Two Diplomacy" such as think tanks and media to promote mutual trust, manage differences, build consensus, and prevent conflicts between the two largest developing economies in Asian. Given that both China and India are important members of the G20, it is necessary to leverage the G20 framework to promote China-India energy cooperation and enhance the discourse of both countries in global energy governance.

**Key Words**: China and India; Energy transition; Current circumstances; Challenge

# 目　录

引　言 …………………………………………………………（1）

**一　中国和印度能源转型的沿革、现状与挑战** …………（11）
　（一）中印能源转型的沿革和现状 …………………………（11）
　（二）中印能源转型的目标和政策演变 ……………………（18）
　（三）中印能源转型过程中可能面临的挑战 ………………（30）

**二　中国和印度油气行业的转型** …………………………（33）
　（一）中国油气行业转型发展的沿革、现状、
　　　　挑战与前景 ………………………………………（33）
　（二）印度油气行业转型发展的沿革、现状、
　　　　挑战与前景 ………………………………………（46）
　（三）中印油气行业转型比较 ………………………………（57）

**三　中国和印度煤炭行业转型** ……………………………（60）
　（一）中印煤炭行业发展现状 ………………………………（60）
　（二）印度煤炭发展的挑战 …………………………………（68）
　（三）中国煤炭的去产能与煤电改革 ………………………（72）
　（四）中国和印度煤炭发展的趋势及前景 …………………（74）

**四　中国和印度清洁能源发展比较** ………………………（82）
　（一）中印清洁能源发展历程与现状 ………………………（82）

（二）中印清洁能源发展状况比较 …………………… （96）
　　（三）中印清洁能源的前景与挑战 …………………… （100）

**五　中国和印度对外能源贸易比较** …………………… （103）
　　（一）中印对外能源贸易情况 …………………………… （103）
　　（二）中印双边能源进出口情况 ……………………… （112）
　　（三）挑战与前景 ………………………………………… （116）

**六　中国和印度对外能源投资比较** …………………… （119）
　　（一）印度对外直接投资状况 …………………………… （119）
　　（二）印度对外能源投资状况 …………………………… （124）
　　（三）中印相互投资状况 ………………………………… （130）
　　（四）中印相互能源直接投资状况 …………………… （134）
　　（五）中印能源投资案例 ………………………………… （139）
　　（六）中国对印能源投资面临的机遇和挑战 ………… （145）

**七　碳达峰碳中和目标与中国的能源转型** …………… （150）
　　（一）碳达峰碳中和目标与中国可持续发展战略 …… （150）
　　（二）双碳目标下全球能源革命和转型的特征 ……… （154）
　　（三）双碳目标对中国经济和能源系统的影响 ……… （158）
　　（四）结论与对策建议 …………………………………… （164）

**八　深化中印能源转型合作的对策建议** ……………… （167）

**参考文献** ……………………………………………………… （172）

# 引 言[*]

2015年,《联合国气候变化框架公约》的签署国通过应对气候变化的《巴黎协定》,同意继续努力到2050年将全球气温升幅限制在比工业化前水平高2℃的水平,同时希望把升幅限制在1.5℃之内。《巴黎协定》第四条明确指出:要尽快达到温室气体排放的全球峰值,在科学和公平基础上加快减排行动,在21世纪下半叶实现温室气体源的人为排放和汇的清除之间的平衡,即碳中和。目前已有194个《巴黎协定》缔约方提交了国家自主贡献(NDC)信息,涵盖了91.3%的全球排放和72.5%的全球人口,其中140多个国家已宣布或正在考虑实现净零排放目标,占到全球碳排放的90%左右。作为基础设施的关键组成部分之一,能源对于经济增长至关重要,但同时也是碳排放最大的部门。2016年,全球温室气体排放约3/4来自能源(电力、热力和运输)部门。到2021年,在《巴黎协定》生效5年后,能源(电力、热力和运输)部门的排放仍然占到63%。[①] 因此能源部门一直处于应对气候变化的最前沿。从路径上看,碳中和的实现需要三头并进:一是节能减排,总体上可

---

[*] 本部分作者田慧芳,中国社会科学院世界经济与政治研究所副研究员。

[①] "Global Energy-related CO2 Emissions by Sector", IEA, March 25, 2021, https://www.iea.org/data-and-statistics/charts/global-energy-related-co2-emissions-by-sector.

概括为减量和增效两部分，减量措施包括乘坐公共交通工具、节约用能、较少浪费等；增效包括提高生产、转换、运输、储存并提高各个环节的效率。二是能源替代，用非化石能源替代化石能源，以清洁能源发电替代化石能源发电，以电能替代化石能源消费等。三是移除吸收，包括物理移除和生物移除。物理移除是通过碳捕集、利用与封存技术（CCUS）实现碳的吸收；生物移除则通过植物、土壤、海洋等把温室气体固定在植物和大地中。这意味着全球能源系统必须经历一场深刻的转型即从很大程度上基于化石燃料的能源体系转型为以可再生能源为基础的高效能源体系，从而减少与能源相关的二氧化碳排放以限制气候变化。

目前，许多国家已经把能源转型作为应对全球能源和气候危机的关键。根据国际可再生能源机构（IRENA）发布的《全球能源转型：到2050年的路线图》，世界需要以至少6倍的速度扩大可再生能源的规模，才能实现《巴黎协定》中规定的脱碳和减缓气候变化目标。虽然有不同的途径可以缓解气候变化，但可再生能源和能源效率提供了最佳途径，以必要的速度实现所需的大部分减排。IRENA预计，可再生能源和能源效率措施有可能实现所需碳减排量的90%，但需要满足：可再生能源的总份额必须从2015年占最终能源消费总量的18%左右上升到2050年的2/3以上；可再生能源在电力部门的份额将从25%左右增加到85%；全球经济的能源强度需要下降约2/3；到2050年的能源需求要降至略低于2015年的水平。此外，信息技术、智能技术、政策框架和市场工具也是实现能源转型的关键因素。清洁能源转型需要快速过渡到成本更低的可再生能源、更智能和更灵活的电网、能源存储，以及增加电动汽车、可持续建筑行业和其他电力运行系统的数量。与此同时，数字化和去中心化已经开始改变电力市场、消费者行为和商业模式，碳捕集、利用与封存以及绿氢和浮动海上风电等低碳技术正处于大规模商业化的风口浪尖。因此，长期能源规划必须不断发展，以应对此类技术、市场和政策变化以及不确定性。提出碳中和目标的国家，尽管在具体政策上存在差异，但实施路径大致趋同，主要包括四方面：一是提升能源利用效率，包括加快氢能、储能、碳捕集、利用与封存、智慧能源等的技术开发和创新；二是大力提升可再生能源占比，包括加大可再生能源投资、减免可再生能源税收、扩大可再生能源在能源结构中的比例等；三是减少对化石能源的依赖，包括关闭燃煤电站、减少汽油或柴油车等；四是立法或出台政策支持低碳产业和技术的发展。

目前，全球能源部门转型步伐正在加快。全球煤炭产量和投资自2014年开始加速下降，煤炭投资也持续收缩。165个国家、地区和组织已经加入弃用煤炭发电联盟（The Powering Past Coal Alliance），承诺在2040年淘汰燃煤发电。由于天然气有较低的开发成本，各国政府都强力推动，将天然气视为其能源转型的重要过渡。英国石油公司（BP）、壳牌、埃克森美孚等国际石油巨头的天然气在总产量中的占比均已超过50%，且有进一步提升天然气业务占比的计划。从投资来看，根据彭博新能源财经（BloombergNEF）发布的《2022年能源转型投资趋势》，① 2021年，全球能源转型投资总额为7550亿美元，创下新纪录，比2020年增长21%。风能、太阳能和其他可再生能源在内的可再生能源投资在2021年创造了3660亿美元的新纪录，同比增长6.5%。电动汽车和相关基础设施支出在内的电气化交通是第二大行业，投资额为2730亿美元，并可能在2022年以美元计算超过可再生能源。从区域来看，亚太地区投资占全球总额的50%左右，其次是欧洲、中东、非洲和美洲。从国别来看，中国是最大的能源转型投资国家，2021年投资额为2660亿

---

① "Energy Transition Investment Trends 2022", BloombergNEF, 2022, https：//about.bnef.com/energy-transition-investment/.

美元，其次是美国（1140亿美元），欧盟整体为1540亿美元。此外可再生能源发展迅速。截至2021年年末，全球可再生能源的装机达到3064吉瓦。根据国际能源署（IEA）最新数据，尽管新冠疫情导致供应链中断、建设延误和原材料价格高涨，2020年和2021年的全球可再生能源新增装机容量依然达到创纪录的280吉瓦和295吉瓦。在中国、印度和欧盟可再生能源计划推动下，IEA预计，2022年装机容量会进一步增至320吉瓦，其中光伏装机容量将达到190吉瓦。目前，中国和欧盟在该领域处于领先地位，2021年中国新增可再生能源装机容量已经占到全球的46%。

然而，新冠疫情等依然影响了全球能源转型和实现可持续发展目标（SDG 7）的步伐，特别是在最脆弱的国家和在能源获取方面已经落后的国家。[①] 可持续发展目标要求确保到2030年获得可负担的、可靠的、可持续的现代能源。在全球范围内，尽管过去十年中能源普惠取得了进展，但由于覆盖剩余未获得服务的人口的复杂性以及疫情的影响，近来进展速度一直在放缓，2020年仍有约24亿人（占世界人口的1/3）无法获得电力。根据这一趋势，估计到2030年将有6.7亿人用不上电，有10亿人无法获得清洁烹饪。尽管疫情期间可再生能源的使用继续增长，占2020年新增电力容量的80%以上。但2010—2019年，全球可再生能源的份额仅增长了2.7个百分点，这种适度的步伐凸显了持续行动的重要性，包括通过提高能源效率和节能工作来控制能源消耗。此外，市场在2021年首次出现能源转型时代的供应恐慌。经济增长加上供应短缺导致欧盟煤炭、天然气和电力价格在2021年分别上涨126%、442%和341%。但

---

① "Tracking SDG 7: The Energy Progress Report (2022)", International Renewable Energy Agency, June 2022, https://www.irena.org/publications/2022/Jun/Tracking-SDG-7-2022.

受欧洲天然气短缺以及欧美经济重启后用电需求激增的影响，2021年全球煤炭需求总量同比上涨6%。2022年年初爆发的俄乌冲突进一步推动全球煤炭业全面复苏。IEA预计，2022年全球煤炭需求将继续增长：全球煤炭消费总量预计增长2%，达到略高于80亿吨的创纪录水平；强劲的需求将至少维持高位到2024年。

地缘政治也将继续威胁能源转型。大国行动或倾向往往会对全球碳中和进程产生决定性影响。中美两国2015年的气候联合声明有力推动了《巴黎协定》的通过；在2021年年底的第二十六届联合国气候变化大会（COP26）上，中美再度联合发布气候声明，为《格拉斯哥气候协议》的最终通过提供了动力。但当前国际局势错综复杂，美国一直试图通过各种政治、军事和经济联盟挤压中国的国际空间，而俄乌冲突的爆发使欧盟与美国在政治倾向上更加一致，在能源合作上更加紧密。联合向处于经济转型期的发展中国家和新兴经济体转嫁历史环境责任，要求他国提升气候雄心、加速化石能源淘汰等是欧美的一贯做法。

谁为能源转型买单也是一个复杂的问题。虽然发达国家早在2009年就同意到2020年每年提供1000亿美元的资金，但实际到位资金一直不足，且重复计算严重。发达国家更倾向调动私人资本的力量来解决气候融资缺口，而不是公共资金。发达国家与发展中国家在气候资金的定义和估算方面的分歧很难在短期内改善。资金和技术缺乏成为制约发展中国家能源转型的重要因素。

中印两国都拥有超过10亿的人口，都是全球增长最快的经济体之一，也都是全球碳排放大国。随着经济规模的不断扩大和经济发展水平的迅速提高，两国能源需求量日益增长，能源供给压力也越来越大。2020年，中国和印度一次能源消费分别占世界一次能源消费总量的26.1%和5.7%，二者相加接近全球一次能源消费总量的1/3。① 与旺盛的能源需求相比，两国国内的石油和天然气储量和产量都相对不足，能源对外依存度居高不下。以煤炭为主的能源消费结构使两国的碳排放处于较高水平，2020年中国和印度的碳排放分别占全球碳排放总量的30.7%和7.1%。② 目前，能源转型已经被列入了中国和印度的最高议程，两国都做出在21世纪中叶前后实现碳中和的转型计划，并制定了相应的长期发展战略。可以说，中印经济发展未来将面临越来越相似的经济增长、能源安全、节能提效、环境保护的压力，相互借鉴与合作的需求强烈。

作为全球人口最多的两个发展中国家，中国和印度有必要深化能源转型领域的合作，这对全球能源转型以及碳中和的成功至关重要。

首先，中印能源领域面临的内外部环境的相似性决定了两国在该领域具有广阔的合作空间。相似性之一是两国都是改变世界能源格局的关键力量。自20世纪90年代中期新兴经济体集体崛起以来，世界经济格局发生了深刻变化，能源领域的一个明显变化是世界能源需求重心由西方转向东方，由发达国家转为新兴经济体。根据国际能源署的数据，2000年经济合作与发展组织（OECD）国家的石油消费占世界石油消费总量的45%，但随着以中国和印度为代表的新兴经济体对能源需求的迅速增长，OECD石油需求占全球比例将在2040年下降到30%以下，而中印两国的石油消费总量将在2040年占全球的25%以上。伴随能源消费的增加，中印两国碳排放总量也将显著增长。为降低碳排放总量，

---

① "Statistical Review of World Energy 2021", BP, https：//www.bp.com/content/dam/bp/business-sites/en/global/corporate/pdfs/energy-economics/statistical-review/bp-stats-review-2021-full-report.pdf.

② "Statistical Review of World Energy 2021", BP, https：//www.bp.com/content/dam/bp/business-sites/en/global/corporate/pdfs/energy-economics/statistical-review/bp-stats-review-2021-full-report.pdf.

中印等新兴经济体需要在提高能源效率的同时发展新能源，但发展新能源面临技术进步和成本压缩两大关键问题。如何在降低碳排放增速的同时不影响经济增长，是中印共同面对的问题。相似性之二是中印两国的能源需求具有相似的驱动力。驱动力之一是维持经济高速增长。过去几十年，中国和印度都是世界经济增速较快的经济体。在2008年国际金融危机之前，中国保持了三十多年近10%的经济增速。虽然目前中国经济已进入"新常态"，但仍保持在6%以上。虽然印度经济总量和质量都不及中国，但印度正在奋力追赶。近几年，印度成为世界经济增速最快的发展中国家。2015—2018年，印度年均经济增长率超过7%。目前，两国都处在工业化进程中，对能源的需求量将越来越高。驱动力之二是人口的增加。中印两国分别是世界人口最多和第二多的国家。中国人口增长率下降迅速，但人口基数大；印度人口增速很快，预计在2040年将超过中国，成为世界人口第一大国。到2040年，中印两国人口总和将超过30亿人，约占全球人口总量的1/3以上。庞大的人口数量，伴随着两国经济的快速增长、人均收入的不断提高，将带来对能源的巨大需求。驱动力之三是交通的大发展。随着城市化水平和人均收入的提高，中印两国的机动车数量出现了爆发式增长。对于人均收入水平相对较低的印度来说，未来汽车数量还将有较大规模的增长。这意味着交通领域的能源消费将在中印两国未来的能源消费结构中占据重要地位。据IEA的预测，中国交通运输部门消耗的能源占一次能源消费的比重将从1990年的3.98%上升到2040年的近13%，印度则将从6.84%上升到近15%。

其次，中印能源产业的差异性和互补性给两国深化合作提供了巨大空间。除油气资源禀赋贫乏的共同特征外，中印能源产业结构的差异较大。中国在能源的设计技术、设备制造、基础设施建设、投融资能力等领域占据优势，而印度在能源信息化管理领域处于领先地位。中印能源结构差异来源于经济结构的差别。中国制造业发达，生产和设备制造技术较先进，基础设施较完善，积累了巨额外汇储备，资本较充裕，但服务业发展相对滞后。印度软件服务业发达程度令世人瞩目，但制造业较薄弱，基础设施落后，建设资金短缺明显。具体而言，中印能源的互补性或差异性体现：中国在燃煤火电、核能、太阳能、风能、电网（特高压）等能源的技术和设备制造领先印度，且资金实力和工程施工能力显著强于印度，而印度在能源信息化管理和企业国际化程度方面具有优势。在太阳能和风能领域，中国的技术先进、设备成本低，而印度具有丰富的太阳能和风能资源，但光伏与风电的设备制造业发展较薄弱。因此，中印可通过合资、技术转让等方式，增加对光伏、风电行业的投资。在燃煤发电设备制造、大型电站的设计和制造、水电成套设备制造、电网的建设与管理等方面，中国具有成熟的技术和丰富的经验，而电力供应短缺与电网建设滞后却一直是制约印度经济发展的重要掣肘。因此，中印在发电项目的投资和建设领域具有巨大的合作空间。

最后，实现能源安全和经济社会的可持续发展，中印亟须在全球能源治理的框架下开展能源领域合作，共同推动全球能源治理的优化。作为两个最具发展潜力和经济规模最大的新兴经济体，中印两国的能源需求增长潜力巨大，是未来全球能源需求增长的主要驱动力量。根据多个机构的预测，中印两国将在未来占据全球能源需求增长的"半壁江山"；印度的能源需求增长速度还将快于中国，并在2035年取代中国成为能源需求增长最大的市场。同时，中印两国的能源资源禀赋贫乏，能源供给缺口大，油气进口依赖度高，因而寻求安全稳定的国际能源供应渠道，同时加快能源转型步伐是两国解决国内能源短缺问题的重要途径。中印两国目前在能源领域的合作范围和规模还比较有限，与双方在全球经济和能源领域的地位以及双方对未来合作的期待有较大的距离。为保证能源安全和能源可持续发展，在加强中印双方具体项目合作的同时，也应重视在国际合作框架下，共同推进全球能源治理。比如加强在二十国集团（G20）层面的合作。在既有全球能源治理机制无法满足当前国际政治经济发展形势的大背景下，G20提升了全球能源治理的重要性，能源问题开始逐步成为G20峰会重要议题之一，与大宗商品市场稳定、金融特别是期货市场监管、全球经济复苏、均衡可持续增长、就业等更为广泛的全球经济议题紧密联系起来。目前G20在促进全球能源安全与稳定上已经达成诸多共识，主要集中在增加能源市场透明度、加强市场监管、减少大宗商品价格波动、加强同行审议、应对市场失灵和加强机制建设等方面。G20也着力推动能源节约和可再生能源的发展，重视发展低碳型绿色经济，与气候变化相关的能源议题在G20议题中也扮演着越来越重要的角色。

  从目前的状况看，中印两国合作已经具备深厚的基础，尤其是随着中国绿色"一带一路"建设的持续推进。印度作为南亚地区最大的国家，是连接亚洲和中东地区的重要枢纽，是"一带一路"经济带关键一环。虽然目前印度国内对"一带一路"倡议存在一些误读，但由于"一带一路"倡议实际上符合印度利益，尤其有利于印度经济发展，因此所谓的误读和争议更多的是政治和外交上的考量。在经济层面，"一带一路"倡议在印度受到绝大多数企业的欢迎，自"一带一路"倡议提出以来，中印双方企业已经开展了多项"一带一路"框架下的项目合作。"一带一路"倡议与印度自身的发展战略相契合。2014年莫迪政府上台后，为促进印度经济发展与结构转型，推行了一系列改革措施，重点是利用廉价的劳动力优势把印度打造成为全球制造业中心，通过税制改革和一系列其他优惠政策吸引外资，增加就业，推动印度工业化进程。中国正在"一带一路"倡议框架下开展国际产能合作，中国具有比较优势的资金、技术、人才等大量走出国门，为印度的制造业发展提供了良好机遇。中印两国在金砖合作机制、上海合作组织等多边合作框架下也开展了不同程度的能源合作。

但中印两国深化能源转型合作也存在严峻挑战，特别是在两国不断发生边界争端、缺乏政治互信的大背景下，这需要双方在建构认同、引导舆论方面多发力，充分利用中印之间现有政治、经济、文化、安全等各种双边、区域、多边机制，并结合智库、媒体等"二轨外交"，推动两国各界加深互信，管控分歧、聚焦共识，防止他国利用分歧使亚洲最大的两个发展中经济体形成战略内耗。鉴于中印两国均为G20重要成员，有必要依托G20框架推进中印能源合作，提升两国在全球能源治理中的话语权。① 同时做好投资风险应急预案。

---

① 张春宇、陈玉博：《中印应强化合作基础，共同推进全球能源治理》，《中国远洋海运》2019年第4期。

# 一 中国和印度能源转型的沿革、现状与挑战[*]

自 2015 年《巴黎协定》签署以来,气候变化作为国际法和国内法中的重要议题日益受到重视。中国和印度都制定了目标,并向联合国提交了其国家自主贡献和能源转型承诺,旨在实现气候行动和可持续发展的双重目标。但中印两国都是对化石能源高度依赖的国家,又面临工业化和城镇化的普遍压力,在实现能源转型过程中存在巨大挑战。

## (一)中印能源转型的沿革和现状

中国和印度都是能源消费大国。2010 年,中国一次能源消费量超过美国,位居世界第一。印度的一次能源消费量仅次于中国和美国,位居世界第三,约占全球一次能源的 6%。2000 年以来,中国和印度的能源消费均保持了快速增长(见图 1.1)。

从能源消费结构看,中印两国均以化石能源消费为主。尽管化石能源在一次能源消费中的比重自 2015 年以来保持下降趋

---

[*] 本部分作者田慧芳,中国社会科学院世界经济与政治研究所副研究员。

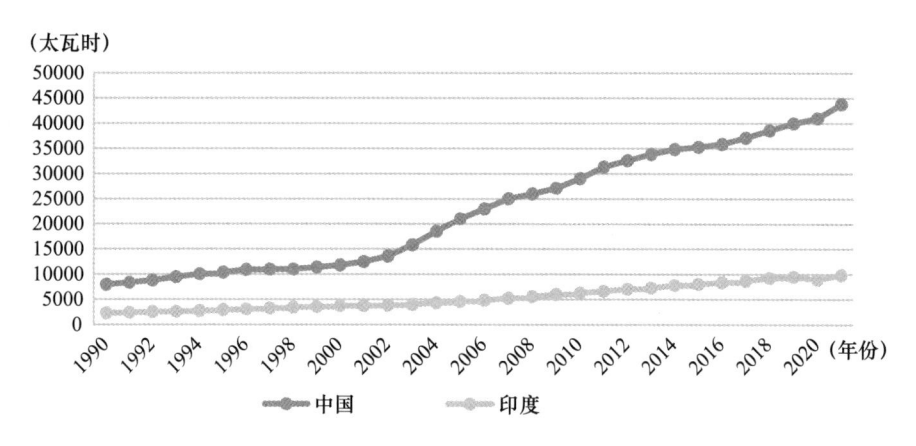

图 1.1 中国和印度的一次能源消费

注：数据包括煤、石油、天然气、核能和现代可再生能源，不包括传统生物质。

资料来源：*BP Statistical Review of World Energy 2021*。

势，但占比始终在 80% 以上。化石能源又以煤炭为主，其在两国一次能源消费中的比重均在 50% 以上（见图 1.2）。

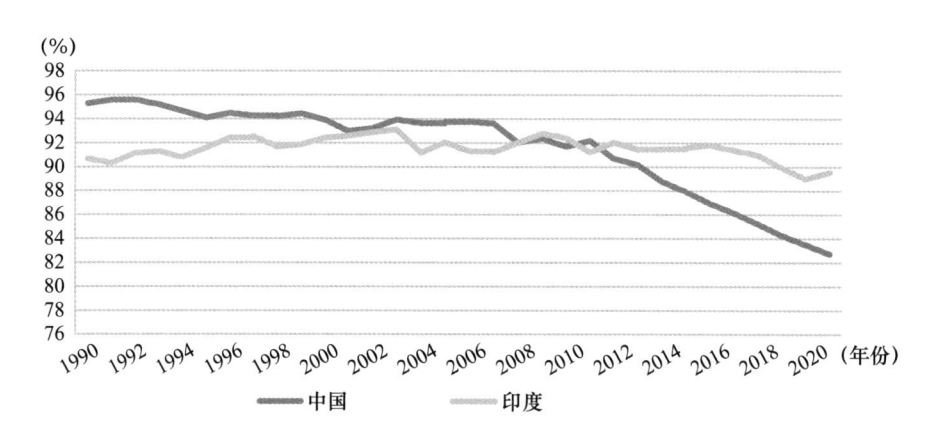

图 1.2 中国和印度一次能源消费中化石燃料占比

资料来源：*BP Statistical Review of World Energy 2021*。

2020 年，中国的煤炭能源在一次能源消费中占比 56.8%，石油能源消费量占比 18.9%，天然气能源消费量占比 8.4%，一次电力及其他能源占比 15.9%。但中国煤炭占一次能源消费比例一直在持续降低。2017—2020 年，中国煤炭消费占一次能源消费的比重由60.4%下降至57.0%左右，非化石能源消费占比则从13.8%提高至15.8%（见图1.3）。

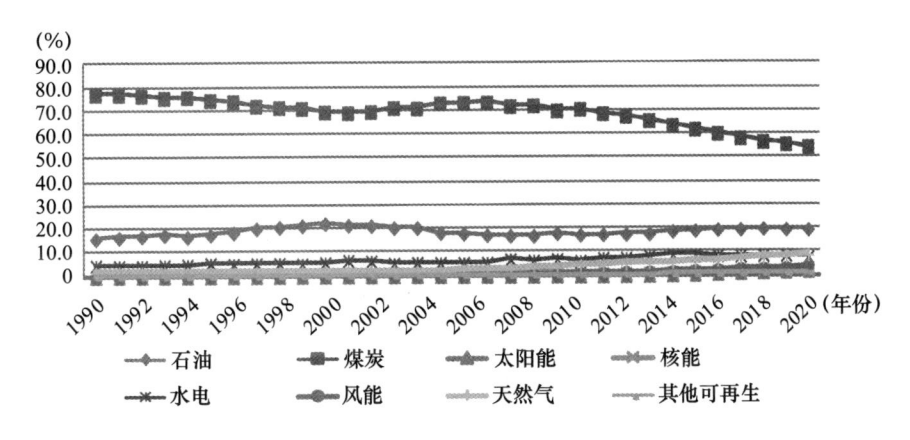

**图1.3 中国各类能源在一次能源消费中的份额**

注：其他可再生能源包括地热、生物质和废弃能源。

资料来源：*BP Statistical Review of World Energy 2021*。

印度80%以上的能源需求由三种燃料满足：煤、石油和固体生物质。煤炭支撑着发电和工业的扩张，并且是印度能源结构中最大的单一燃料。2020年，印度的煤炭能源消费量约占55%。尽管印度东部和南部有大量矿床，但煤炭质量欠佳，热量低且灰分含量高达45%，而从印度尼西亚、南非、俄罗斯和澳大利亚进口的优质煤的灰分含量仅为10%—15%。石油和天然气在印度一次能源消费中占到35%左右。印度高度依赖石油和天然气进口，2019年进口总量约为2.29亿吨（约占国内石油和天然气消费总量的85%）。2019年，基于石油和天然气的火电总装机量分别为638兆瓦和24937兆瓦。由于车辆拥有量和公路运输使用量的增加，印度的石油消费和进口迅速增长。除了煤炭和石油作为主要能源外（见图1.4），印度也使用生物质（主要是薪柴）作烹饪燃料，特别是在农村地区。目前，有6.6亿印度人尚未完全转向现代、清洁的烹饪燃料或技术。最近印度在农村地区推广液化石油气的使用，薪柴在印度能源组合中所占的份额下降，但应用仍然相当普遍。用动物粪便制成的干粪或粪饼是印度农村地区另一种常见的燃料，主要由乡村妇女手工制作而成。印度乡村还使用动物粪便制造沼气，马哈拉施特拉邦的沼气厂数量最多，其次是卡纳塔克邦。动物粪便的广泛使用归因于其易获得、成本低、处理安全且适合就地采购。

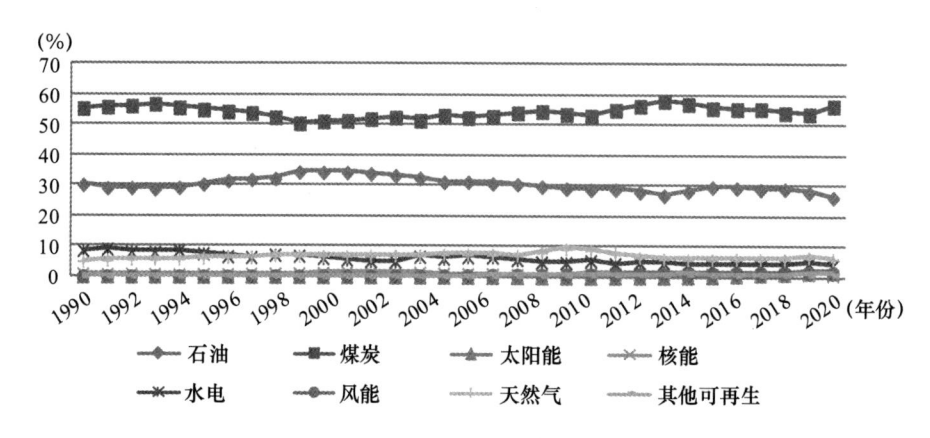

图1.4　印度各类能源在一次能源消费中的份额

资料来源：*BP Statistical Review of World Energy 2021*。

以煤炭为主的能源结构、庞大的人口需求、快速增长的工业化和城市化进程使得中国和印度的二氧化碳排放自2000年以来大幅增长（见图1.5），成为世界第一和第四大排放国，且还未达到排放峰值。但从人均二氧化碳排放和历史累计排放看，中国和印度还远低于美国的水平（见图1.6和图1.7）。中国已经承诺在2030年前实现二氧化碳排放达峰，印度还未设置碳达峰目标，但已经承诺将在2070年前后实现碳中和。

2008年后，中印两国都加快了清洁能源的发展步伐（见图1.8）。这一时期《京都议定书》开始生效执行，清洁发展机制（CDM）成为三大灵活履约机制之一。CDM计划旨在帮助中国工业从《京都议定书》下的清洁发展机制中受益，重要东道国

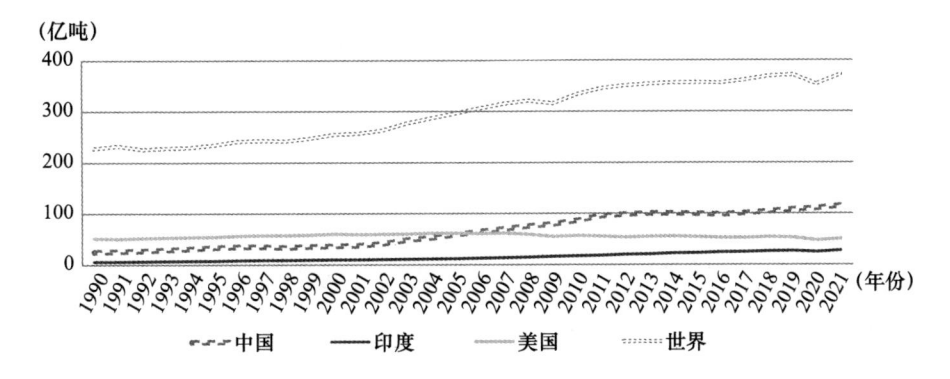

图 1.5　中国和印度年二氧化碳排放量

资料来源：全球碳项目的数据。

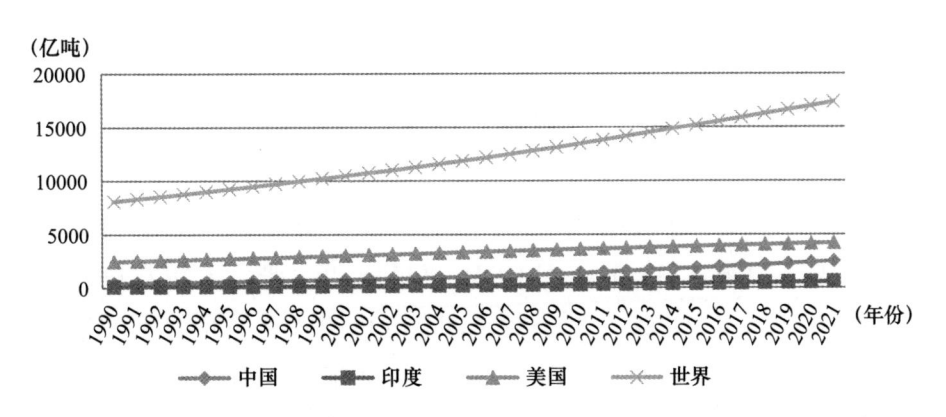

图 1.6　中国和印度历史累计的二氧化碳排放量

资料来源：全球碳项目的数据。

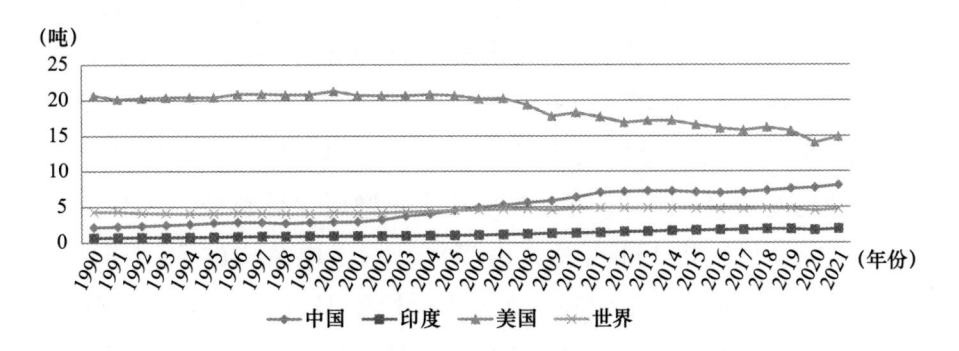

图 1.7　中国和印度人均二氧化碳排放量

资料来源：全球碳项目的数据。

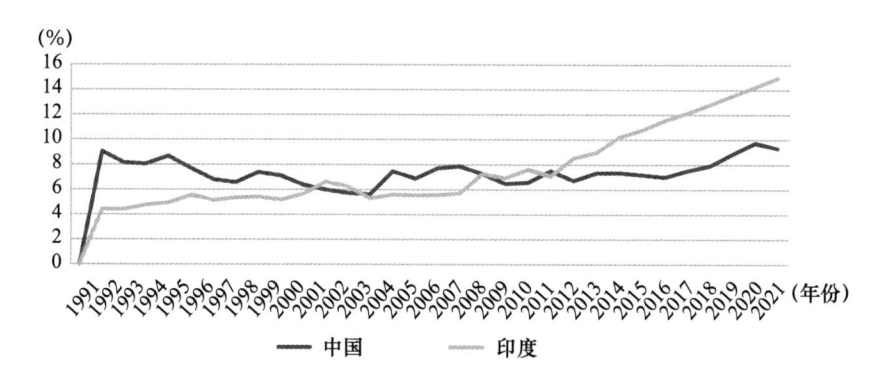

**图1.8 清洁能源在中国和印度一次能源消费中的份额变化**

注：清洁能源包括核能、水电、太阳能、风能、地热能、波浪能和潮汐能以及生物能。

资料来源：*BP Statistical Review of World Energy 2021*。

是中国、印度、墨西哥或巴西。由于中国经济发展快速，对外开放程度越来越高，技术和人力资本等基础设施供给不断上升，且政局稳定，因此吸引了CDM投资的最大份额。截至2012年1月16日，共有1785个中国CDM项目成功注册，占所有已注册CDM项目的47.02%，占全球CDM市场份额的63.94%。通过实施CDM项目，中国企业可以获得大量额外的资金支持，极大促进了中国清洁能源的发展。2010年中国清洁行业投资达到创纪录的544亿美元投资。

根据中国国家能源局（NEA）的数据，截至2020年年底，中国可再生能源发电装机总规模达到9.3亿千瓦，占总装机的42.4%，较2012年增长14.6个百分点。其中水电3.7亿千瓦、风电2.8亿千瓦、光伏发电2.5亿千瓦、生物质发电2952万千瓦，分别连续16年、11年、6年和3年稳居全球首位。2021年可再生能源新增装机134吉瓦，占当年新增发电装机的76.1%。太阳能的建设量最高，占总新增容量的31.1%，其次是风能（27.0%）、水电（13.3%）和生物质能（4.6%）。但中国可再生能源发电量占比仍然较小，2021年仅占全部发电量的29.9%，其中水电占16.1%，其次是风能和太阳能，分别占7.9%和3.9%

（见图1.9）。核能领域，截至2021年8月底，中国运行的核电机达到51台，在建核反应堆有18座，计划建设39座，总装机容量为5327万千瓦，是世界第三大核能生产国。

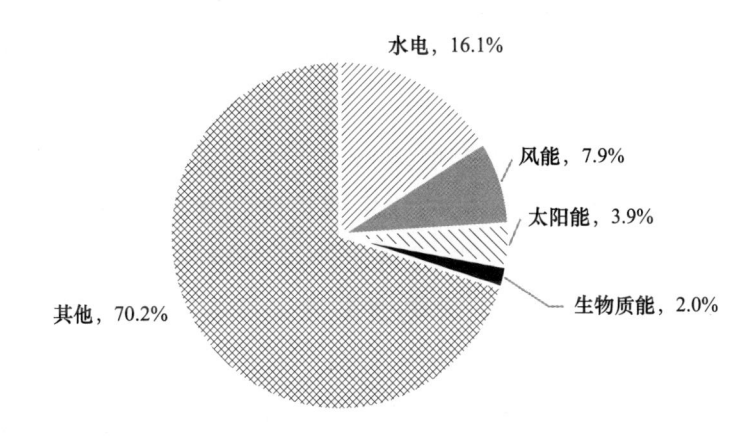

**图1.9　2021年中国各项可再生能源的比重**

资料来源：中国国家能源局。

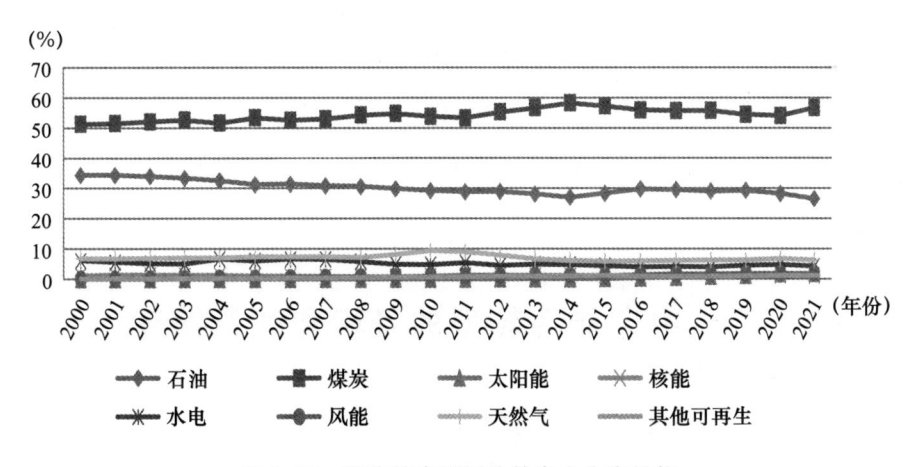

**图1.10　印度按来源划分的电力生产份额**

资料来源：*BP Statistical Review of World Energy 2021*。

印度自签署《巴黎协定》以来，大幅增加了电网和可再生能源领域的预算拨款和支出，在解决印度电力供应不足方面取得了积极进展，不同来源的电力装机容量和总发电量均有所增加。印度政府特别提供30%的补贴，用于在住宅、商业和工业建筑中安装屋顶太阳能。印度还通过提供购买车辆（包括太阳能蓄电池）的前期激励措施来鼓励电动汽车的使用。截至2020年9月底，印度可再生能源装机达到89.22吉瓦。2019年，印度20多个水电站的水力发电量为45.4吉瓦。根据官方预测，印度的水电潜力约为145吉瓦。然而，由于其他来源的能源以更快速度增长，印度水力发电的占比一直在下降（见图1.10）。未来印度可再生能源领域的增长主要集中在太阳能和风能领域，2017—2022年，印度计划将可再生能源在能源结构中的份额增加91%。核能是印度第五大电力来源，目前有23座动力反应堆，计划到2030年翻一番。

总的来看，中国和印度都在经历从化石能源为主的能源结构向可再生能源为主的能源结构的缓慢转型，两国已经初步形成了多元化的电力部门，从煤炭、天然气、石油等传统能源到风能、太阳能、水电、核能和生物质能等非常规能源。但清洁能源的比重仍然很低。能源禀赋的限制使得两国短期内仍不得不在很大程度上依赖煤炭和石油等传统能源，以满足不断增加的能源需求，而这将加大两国在《巴黎协定》下的减排压力。

## （二）中印能源转型的目标和政策演变

### 1. 中国能源转型的目标和政策

2009年中国向国际社会承诺，到2020年单位国内生产总值（GDP）二氧化碳排放（碳排放强度目标）比2005年下降40%—45%，非化石能源占一次能源消费比重达到15%左右。为此，中国陆续推出《"十二五"控制温室气体排放工作方案》《"十二五"节能减排综合性工作方案》《节能减排"十二五"规划》《2014—2015年节能减排低碳发展行动方案》《国家应对气候变化规划（2014—2020年）》，加快推进产业结构和能源结构调整。到2014年，中国单位GDP二氧化碳排放比2005年下降33.8%，非化石能源占一次能源消费比重达到11.2%。为了提升应对气候变化能力建设，中国还实施了《中国应对气候变化科技专项行动》，科技支撑能力得到增强。2016年发布的《中华人民共和国国民经济和社会发展第十三个五年规划纲要》将单位GDP能耗在"十二五"时期降低18.4%的基础上再降低15%和单位GDP二氧化碳排放降低17%作为约束性指标。2016年，国务院发布《"十三五"节能减排综合工作方案》和《"十三五"控制温室气体排放工作方案》，明确了"十三五"时期节能减排和控制温室气体排放的目标、任务、要求和部门分工。到2020年，中国单位GDP二氧化碳排放比2005年降低48.4%，比"十二五"时期降低了18.8%，高于原先计划的17%的目标。

构建低碳能源体系是中国"十三五"能源转型的重要任务，旨在控制煤炭消费总量，加强煤炭清洁利用，提高煤炭集中高效发电比例，扩大天然气利用规模，在做好生态环境保护和移民安置的前提下积极推进水电开发，安全高效发展核电，大力发展风电，加快发展太阳能发电，积极发展地热能、生物质能和海洋能，大力发展分布式能源，加强智能电网建设。具体发展目标包括：2020年能源消费总量控制在50亿吨标准煤以内、煤炭控制在42亿吨左右、天然气消费比重达到10%左右、单位GDP能源消费较2015年下降15%、非化石能源比重达到15%，以及到2020年风电装机达到2亿千瓦、光伏装机达到1亿千瓦左右、地热能利用规模达到5000万吨标准煤。"十三五"时期，中国积极推动煤炭供给侧结构性改革，化解煤炭过剩产能，推动煤电行业清洁高效高质量发展。2016—2019年，共淘汰火电产能3000万千瓦以上。中国还制定了煤电节能改造目标任务，截至2019年，火电厂平均供电标准煤耗已降至306.4克/千瓦时，比 2005 年下降 63.6 克/千瓦时，煤电机组供电煤耗继续保持世界先进水平。在推进节能提高能效方面，中国实施了能源消费强度和总量双控，从强化目标约束、政策引领、加强节能管理和制度建设以及深入推进重点领域节能等多个方面全面推进节能工作，支持推广重点节能低碳技术，加快节能技术进步，引导用能单位采用先进适用的节能新技术、新装备、新工艺，开展能源资源计量服务示范，促进能源节约集约利用。2016—2019 年，中国能耗强度累计下降 13.1%，以年均 2.9% 的能源消费增长支撑了年均 6.6% 的经济增长，能源利用效率明显提升。

  为了推进工业行业的低碳发展，中国出台《工业领域应对气候变化行动方案（2012—2020 年）》，制定了重点行业碳排放控制目标和行动方案，重点是通过节能提高能效，有效控制电力、钢铁、有色、建材、化工等重点行业排放。中国还提出构建循环型工业体系，加大再生资源回收利用，提高资源产出率。在建筑领域，中国强化城市低碳化建设，包括提高建筑能效水平和建筑工程质量，加大既有建筑节能改造力度，建设节能低碳的城市基础设施；促进建筑垃圾资源循环利用；加快城乡低碳社区建设，推广绿色建筑和可再生能源建筑应用，完善社区配套低碳生活设施。具体目标包括：构建绿色低碳交通运输体系，优化运输方式，合理配置城市交通资源，优先发展公共交通，鼓励开发使用新能源车船等低碳环保交通运输工具，提升燃油品质，推广新型替代燃料。到 2020 年，大中城市公共交通占机动化出行比例达到 30%。推进城市自行车交通系统建设，倡导绿色出行。交通领域加快了交通燃料替代和优化。2016 年以来，中国相继出台《轻型汽车污染物排放限值及测量方法（中国第六阶段）》和《重型柴油车污染物排放限值及测量方法（中国第六阶段）》，不断提升汽车排放标准与油品标准。

中国还加快了碳市场和绿色金融体系的构建，加大对能源转型的资金和政策支持，包括加大财政资金投入力度，积极创新财政资金使用方式，探索政府和社会资本合作等低碳投融资新机制；落实促进新能源发展的税收优惠政策，完善太阳能发电、风电、水电等定价、上网和采购机制；深化能源、资源性产品价格和税费改革；完善绿色信贷机制，鼓励和指导金融机构积极开展能效信贷业务，发行绿色信贷资产证券化产品等。由于采取了一系列调整产业结构、优化能源结构、节能提高能效、利用市场机制、增加碳汇等举措，中国在落实国家自主贡献方面取得积极进展。中国2019年碳排放强度是2005年的51.9%，比2005年下降约48.1%，已超过到2020年碳排放强度较2005年下降40%—45%的控制温室气体排放的行动目标。非化石能源占能源消费总量的比重达到15.3%，比2005年大幅提升了7.9个百分点。

根据2015年中国提交《联合国气候变化框架公约》（UNFCCC）的《强化应对气候变化行动——中国国家自主贡献》目标，中国的下一步气候行动是在2030年前后二氧化碳排放达到峰值并争取尽早达峰；单位GDP二氧化碳排放比2005年下降60%—65%，非化石能源占一次能源消费比重达到20%左右，森林蓄积量比2005年增加45亿立方米左右。2020年9月，在第七十五届联合国大会一般性辩论上，习近平主席指出，中国将提高国家自主贡献力度，采取更加有力的政策和措施，二氧化碳排放力争于2030年前达到峰值，努力争取2060年前实现碳中和。[1] 2020年12月，习近平主席在气候雄心峰会上进一步宣布：到2030年，中国单位国内生产总值二氧化碳排放将比2005年下降65%以上，非化石能源占一次能源消费比重将达到

---

[1] 《习近平在第七十五届联合国大会一般性辩论会上发表重要讲话》，《人民日报》2020年9月23日。

25%左右,森林蓄积量将比2005年增加60亿立方米,风电、太阳能发电总装机容量将达到12亿千瓦以上。① 为了实现碳达峰目标,2021年3月,中国发布的《中华人民共和国国民经济和社会发展第十四个五年规划和2035年远景目标纲要》将单位GDP能耗降低13.5%和单位GDP二氧化碳排放比2020年再降18%作为2025年的约束性指标。2021年5月,中国专门成立由国务院副总理韩正担任组长的碳达峰碳中和工作领导小组,加强对碳达峰、碳中和工作的统筹部署和协调推动。在2021年11月初召开的COP26峰会前夕,中国发布《中共中央 国务院关于完整准确全面贯彻新发展理念做好碳达峰碳中和工作的意见》("工作指导意见")和《2030年前碳达峰行动方案》("行动方案")两份文件,进一步巩固了脱碳承诺。

"工作指导意见"和"行动方案"形成中国实现碳减排目标的气候政策框架的基础,即"1+N"政策框架。政策框架的"1"部分是指工作指南,作为国家实现气候目标的总体指导原则,概述了中国实现2030年和2060年目标的总体规划(见表1.1)。而"N"代表针对特定行业、领域的未指定数量的辅助政策文件。"行动方案"是第一个要发布的"N"文件,概述了中国逐步转向可持续能源的领域和方法,也为未来十年的绿色能源转型设定了具体目标,包括可再生能源建设和建筑、交通运输和工业等多个行业的低碳发展。这些目标旨在为中国从2030年开始减少总体碳排放量奠定基础。

构建清洁低碳安全高效的能源体系是中国能源革命的目标。2016年发布的《能源生产和消费革命战略(2016—2030)》,提出能源转型目标:到2020年,全面启动能源革命体系布局,推动化石能源清洁化,根本扭转能源消费粗放增长方式,实施政

---

① 《习近平在气候雄心峰会上发表重要讲话》,《人民日报》2020年12月13日。

表 1.1　　　中国 2060 碳中和工作部署及 2030 气候行动方案

| 中国碳达峰碳中和工作部署 | 中国 2030 年前碳达峰行动方案 |
| --- | --- |
| **各阶段目标**<br>· 到 2025 年，绿色低碳循环发展的经济体系初步形成，重点行业能效大幅提升<br>· 到 2030 年，经济社会发展全面绿色转型取得显著成效，碳排放达峰并实现稳中有降<br>· 2060 年，碳中和目标顺利实现，绿色低碳循环发展的经济体系和清洁低碳安全高效的能源体系全面建立，非化石能源消费比重达到 80% 以上<br>**战略愿景**<br>· 强化能源消费强度和总量双控，构建清洁低碳安全高效的能源体系<br>· 工业领域绿色低碳转型，遏制高耗能高排放项目，大力发展绿色低碳产业<br>· 全面推进城乡建设绿色低碳发展，提升绿色建筑标准，优化用能结构<br>· 推进低碳交通运输体系建设，推广节能低碳型交通工具，引导低碳出行<br>· 加快推动基于自然的解决方案，最大限度发挥农林海洋生态系统的作用<br>· 推进经济社会发展全面绿色转型，优化区域布局，形成绿色生产生活方式<br>**技术路径**<br>· 推动节能技术进步和先进技术推广<br>· 加快提升终端用能领域电气化<br>· 加快建设新型电力系统，发展可再生能源和核能技术、新能源＋储能技术<br>· 积极扩大电力、氢、天然气、生物燃料以及碳捕获、利用和吸收技术的应用<br>· 提升生态系统碳汇能力和生态修复<br>**能力建设**<br>· 提高对外开放绿色低碳发展水平<br>· 健全法律法规标准和统计监测体系<br>· 完善投资、绿色金融，财税价格政策<br>· 推进市场化机制建设 | **十大行动方案**<br>· 能源绿色低碳转型行动，构建清洁低碳安全高效的能源体系<br>· 节能降碳增效行动，完善能源消费强度和总量双控制度，严格控制能耗强度<br>· 工业领域碳达峰行动，优化产业结构，推动钢铁、有色金属、建材、石化行业率先达峰<br>· 城乡建设碳达峰行动，提升建筑能效和用能结构<br>· 交通运输绿色低碳行动，扩大清洁能源的应用，发展智能交通，加快绿色交通基础设施建设<br>· 循环经济助力降碳行动，全面提高资源利用效率<br>· 绿色低碳科技创新行动，强化应用基础研究，加快先进适用技术研发和推广应用<br>· 碳汇能力巩固提升行动，提高生态系统质量和稳定性，提升生态系统碳汇增量<br>· 绿色低碳全民行动，推广绿色低碳生活<br>· 各地区梯次有序碳达峰行动，分类施策、因地制宜、上下联动，梯次有序推进碳达峰<br>**国际合作**<br>· 深度参与全球气候治理，全面履行《巴黎协定》，积极参与国际航运、航空减排谈判<br>· 开展绿色经贸、技术与金融合作。积极参与碳定价机制和绿色金融标准体系国际宏观协调<br>· 推进绿色"一带一路"建设、气候变化南南合作计划和"一带一路"科技创新行动计划<br>**政策保障**<br>· 建立统一规范的碳排放统计核算体系<br>· 推动能源法等相关法律的制定和修订，加快节能标准、工程建设标准和可再生能源标准<br>· 建立绿色低碳发展的税收政策体系、绿色电价政策绿色金融政策体系，研究设立国家低碳转型基金<br>· 完善全国碳排放权交易市场，统筹推进碳排放权、用能权、电力交易等市场建设 |

资料来源：《中共中央　国务院关于完整准确全面贯彻新发展理念做好碳达峰碳中和工作的意见》和《2030 年前碳达峰行动方案》。

策导向与约束并重。2021—2030 年，可再生能源、天然气和核能利用持续增长，高碳化石能源利用大幅减少。2050 年，能源消费总量基本稳定，非化石能源占比超过一半，建成能源文明消费型社会；能效水平、能源科技、能源装备达到世界先进水平。《2030 年前碳达峰行动方案》也提出一些具体目标（见表1.2）。

表 1.2　2030 年中国的主要可再生能源和减碳目标

| 类别 | 到 2025 年 | 到 2030 年 |
| --- | --- | --- |
| 电网新能源转型 | 新储能装机容量达到 30 吉瓦以上 | 风能和太阳能总装机容量超过 1200 吉瓦 |
|  | 新增 40 吉瓦水电装机容量 | 增加（另一个）40 吉瓦的水电装机容量 |
|  | — | 抽水蓄能水电装机容量达到 120 吉瓦 |
|  | — | 省级电网峰值负荷响应能力达到 5% 以上 |
| 煤炭消费 | 达到煤炭消费高峰 | — |
| 产业部门低碳发展 | 国内原油加工能力保持在 10 亿吨以内 | — |
|  | 主要产品产能利用率提高到 80% 以上 | — |
| 城乡建设低碳发展 | 全面落实新建建筑绿色标准 | 城市建筑可再生能源替代率达到 8% |
|  |  | 新建公共机构和厂房屋顶太阳能电池板覆盖率达 50% |
|  | 城市建筑可再生能源替代率达到 8% | — |
|  | 新建公共机构和厂房屋顶太阳能电池板覆盖率达到 50% | — |

续表

| 类别 | 到 2025 年 | 到 2030 年 |
| --- | --- | --- |
| 交通运输业的低碳发展 | 集装箱铁水联运量保持每年 15% 增长 | 新能源和清洁能源动力汽车占当年新车销量的 40% |
| | — | 运营车辆的碳排放强度比 2020 年水平降低约 9.5% |
| | — | 2020 年全国铁路综合能耗比下降 10% |
| | — | 确保在常住人口超过 100 万人的城市中，绿色交通方式的覆盖率至少达到 70% |
| | — | 力争实现民用机场车辆设备全面电动化 |
| 巩固和提升碳汇能力 | — | 国家森林覆盖率达到 25% |
| | — | 森林蓄积量达到 90 亿立方米 |

资料来源：国务院《2030 年前碳达峰行动方案》。

减少煤炭消费是中国未来 10 年的重要目标。在 2021 年 9 月的第七十六届联合国大会一般性辩论上，习近平主席指出，中国将大力支持发展中国家能源绿色低碳发展，不再新建境外煤电项目。①《2030 年前碳达峰行动方案》则提出，中国将从 2025 年起开始削减煤炭消费总量，并呼吁"推进煤炭消费替代转型升级"。此外，在 2022 年 3 月国家能源局发布的《2022 年能源工作计划》中，政府承诺"稳步减少煤炭消费"。扩大可再生能源的比重是中国碳达峰行动的另一个重要目标。到 2030 年中国要实现 1200 吉瓦的风能和太阳能总装机容量，这符合该国在《巴黎协定》下的承诺。2022 年 3 月 22 日，中国国家发展和

---

① 《习近平出席第七十六届联合国大会一般性辩论并发表重要讲话》，《人民日报》2021 年 9 月 22 日。

改革委员会、国家能源局印发《"十四五"现代能源体系规划》，提出到 2025 年中国非化石能源占电力比重达到 39% 左右的目标。为此中国已将在沙漠和戈壁地带规划建设 455 吉瓦的大型风电光伏基地，目标是到 2025 年安装 200 吉瓦，到 2030 年再安装 255 吉瓦，其中约 60% 是太阳能，40% 是风能。发展核能也是中国实现能源替代的重要步骤。根据国家能源局的数据，中国目前的核电总装机容量约 54.65 吉瓦，有 53 座在运反应堆。根据《中国核能发展报告（2021）》蓝皮书，预计未来中国的核电发展将超过世界其他国家，到 2030 年将达到 120 吉瓦的装机容量，这将会领先于美国和法国。2022 年 4 月 20 日，中国宣布在浙江、山东和广东再批准三个核项目，每个地区将获得两个新的核反应堆。中国"十四五"规划目标是到 2025 年年底核电运行装机容量达到 70 吉瓦，比 2020 年的水平增加 40%。

### 2. 印度能源转型的目标和政策

印度面临气候变化的极端威胁，其大部分农业依赖于季风季节的降雨，居住在该国 7500 千米海岸线沿线的近 1.75 亿人面临海平面上升和极端天气条件的风险。2008 年，印度政府制定了首个针对气候变化的《气候变化国家行动计划（2008）》，由 8 个部分组成，分别是国家太阳能计划、国家能效提升计划、国家可持续栖息地计划、国家水计划、国家喜马拉雅生态系统持续计划、国家绿色印度计划、国家可持续农业计划、国家气候变暖战略知识计划。随后印度制定其他国家战略和政策对该计划进行了补充，其中，《能源节约法》有效鼓励节约能源和使用清洁能源；国家电力政策（NEP）和综合能源政策（IEP）强调普及电力和促进可再生能源。由于大约 23% 的印度农村地区使用薪柴、农作物残渣等传统燃料，造成严重的环境和健康问题。为了解决这一问题，印度增加了分布式清洁能源的部署，特别是推广便携式太阳能炊具的使用，这是印度"包容性和可持续发展"议程的重要组成部分。2015 年印度提交 UNFCCC 的自主决定贡献目标是到 2020 年将其国内生产总值的碳排放量在 2005 年的基础上减少 20%—25%。为实现这一目标，印度制定了明确的行动计划，涉及汽车和运输部门、以非化石为基础的发电和以节能为基础的建筑部门。

印度将普及能源获取和能源安全视为国家的基本发展目标之一，采取了双管齐下的方法，以满足公民的能源需求，同时确保碳排放的最低增长。在发电方面，印度政府采取了几项措施来提高燃煤发电厂的效率，减少碳足迹，包括要求所有新建的大型燃煤发电站使用高效的超临界技术，并分阶段进行现有旧发电站的翻新和更新工程，以延长其使用寿命；启动"国家智能电网任务"，提高供电网络效率，减少损失和停电。为了降低印度经济的能源强度，印度电力部通过能源效率局（BEE）启动了一系列能源效率举措。其中，提高能源效率的国家任务（NMEEE）旨在通过建立有利的监管和政策制度来加强能源效率市场，目标是避免产能增加 19598 兆瓦，每年节省约 2300 万吨燃料，具体措施包括高效照明技术、标准和标签计划、节能建筑规范（ECBC）设定最低能源标准、开发建筑能源评级系统综合环境评估绿色评级（GRIHA）等。其他政策还包括削减化石能源补贴、提高汽油和柴油税等。

在能效方面，印度根据《能源节约法》，通过各种创新措施有效利用能源。执行、实现和交易（PAT）作为一种基于市场的能源效率交易机制，目前覆盖了 8 个能源密集型工业部门的 478 家工厂，占全国能源消费总量的 1/3。PAT 项目规定的特定能源消耗下降目标使得 2015 年印度的特定能源消耗比 2012 年下降了 4%—5%。PAT 项目的下一个周期计划是继续扩大交易范围，将铁路、配电和炼油厂等其他行业纳入，这将覆盖印度一半以上的商业能源消耗。印度还提出零效应和零缺陷（ZED）倡议，旨在利用 ZED 成熟度评估模型对中小企业在质量控制、能源效率认证、资源效率提高、污染控制、可再生能源使用、废物管理等方面进行评级。该计划于2015年启动，覆盖了约100万家中小企业。

印度的可再生能源产能扩张计划也非常雄伟。2010年，印度启动贾瓦哈拉尔·尼赫鲁国家太阳能计划，分三个阶段对太阳能热力进行部署。第一阶段、第二阶段结束后，印度的太阳能装机容量从2005年的3.7兆瓦增加到2015年的约4060兆瓦，十年的复合年增长率超过了100%。2017—2022年为第三阶段，目标是到2022年生产175吉瓦可再生能源的目标，其中100吉瓦来自太阳能，60吉瓦来自风能，10吉瓦来自生物质能，5吉瓦来自水电。在优惠贷款、免税期、100%折旧补贴等各种激励措施的支持下，印度可再生能源规模迅速扩大。2019年，印度已经增加了近86吉瓦的可再生电力，计划到2030年将可再生能源的目标提高到450吉瓦。风能也一直是印度可再生能源增长的主要贡献者，占可再生能源装机容量的65%左右。目前，印度是仅次于中国的亚洲风力发电量第二高的国家，也是除中国外唯一挤入世界风电装机容量前十位的亚洲国家。为了将可再生能源（如太阳能和风能）产生的电力与电网中的传统发电站同步，2011年印度启动可再生能源绿色电力证书系统。可再生能源证书（REC）是促进印度可再生能源发电的政策机制。风能、太阳能光伏、太阳能热能、生物质能和水力等技术有资格获得REC。可再生能源生产商可以通过在电力交易所交易这些证书获得额外收入。根据该政策，印度国有配电公司（DIS-COMS）有义务购买一定数量的可再生能源（占总电力供应的固定百分比）。印度还启动了43000千万卢比的"绿色能源走廊"项目，旨在促进可再生能源流入国家电网，减少可再生能源的可变性。该项目在德国的协助下实施，德国已承诺为该项目提供10亿欧元的发展和技术援助。另一个减少可变性的政策是鼓励采用二合一的混合风力—太阳能发电厂。由于印度允许外资

100%投资可再生能源,并与约22个国家签署了合作意向,使得可再生能源行业在2009—2014年增长了20%。2002—2015年,可再生能源电网容量的份额增长了6倍多,从2%（390万千瓦）增长到约13%（3600万千瓦）。

为了促进可再生能源的发展,2011年印度成立国家清洁能源基金。对煤炭开采或进口征收50卢比/吨的清洁能源税构成了国家清洁能源基金的主要来源,用于资助清洁能源、技术和相关项目。2014—2015年,该基金共筹集170.84亿卢比（约合27亿美元）,用于46个价值1651.1亿卢比（约合26亿美元）的清洁能源项目。印度还建立了国家适应基金,初步拨款35亿卢比（约合5560万美元）,用于应对农业、水利、林业等部门的适应需求,以及各部委的部门支出。其他促进低碳增长的财政工具和激励措施包括削减化石燃料补贴、提高化石燃料（汽油和柴油）税收、启动烹饪煤气"直接利益转移计划"直接将补贴转入目标受益人的银行账户等。2015—2016年,印度还发行500亿卢比（约合7.94亿美元）的免税基础设施债券用于资助可再生能源项目。根据印度工业和贸易促进部的数据,由于印度政府在2012年允许100%的外国直接投资（FDI）通过自动途径进入电力部门,2000—2020年,电力部门的FDI累计流入量约为150亿美元,约占FDI总流入量的3%。这些投资流向水电大坝发电和输电、以化石燃料为基础的火力发电厂、可再生能源发电和配电、家庭配电、工业商业用户和电力交易等领域。非常规能源领域的外国直接投资参与度也在增加。

在2021年年底的《联合国气候变化框架公约》第二十六次缔约方大会（COP26）上,印度总理宣布将在2070年实现碳中和,并将在2021—2030年实现以下自主贡献目标：采取比其他同等经济发展水平的国家迄今采取的更有利于气候和更清洁的道路；到2030年,单位GDP排放强度比2005年水平降低45%（原目标33%—35%）；通过技术转让和绿色气候基金（GCF）

等低成本国际融资,到 2030 年实现非化石燃料能源累计发电装机容量占比 50% 左右（原目标 45%）；到 2030 年,通过增加森林和树木覆盖,增加 25 亿—30 亿吨二氧化碳当量的碳汇；加强对易受气候变化影响部门的发展方案的投资,特别是农业、水资源、喜马拉雅地区、沿海地区、卫生和灾害管理部门,从而更好地适应气候变化；动员发达国家的国内资金以及新的和额外的资金,以实施上述缓解和适应行动；提升能力建设,加快国际前沿气候技术的合作研发和推广应用。为了实现上述贡献,印度决心在以下领域优先采取行动：在火力发电中引入新的、更高效、更清洁的技术；促进可再生能源生产,提高替代燃料在整体燃料结构中的比重；减少交通运输业排放；提高工业、交通、建筑、家电等领域的能效；减少废弃物排放；发展气候适应型基础设施；全面实施"绿色印度使命"等造林计划；规划和实施提高气候适应能力、降低气候变化脆弱性的行动。

总的来看,印度的碳中和时间表略慢于中国,尚未制定碳达峰的时间表和达峰计划,其能源转型目标是随着时间推移降低总体排放强度并提高其能源资源利用效率。

## （三）中印能源转型过程中可能面临的挑战

从目前形势看,迈向净零碳经济是全球大趋势。未来几十年脱碳行动,将给全球经济带来广泛、深远且持久的影响,涉及经济发展、技术进步、健康与民生、生态环境等各个领域,并衍生出巨大的低碳投资需求。中印两国面临着重大发展机遇。但同时能源禀赋、发展阶段、能力建设等方面的欠缺又使得两国的能源转型困难重重。

第一,以煤为主的能源结构导致的高碳锁定效应是中印实现碳达峰目标的主要障碍。中国和印度都是典型的缺油少气多煤型国家,以煤炭为主的能源结构无法在短时间内发生根本转变,这将对两国迅速调整能源结构和降低碳排放形成制约。

第二,工业化和城市化的持续推进将带来较大的减排压力。印度人口占世界人口的17.5%,但人均GDP仅为1408美元,约3.63亿人(30%的人口)生活在贫困中,约177万人无家可归,4.9%的人口(15岁及以上)失业,人均用电量(917千瓦时)是世界平均用电量的1/3,未来处于工业快速增长的阶段,将在未来几十年实现创纪录的能源需求增长。印度的城市化率目前仅为30%,预计快速城市化将是未来几年最主要的趋势之一。到2030年,印度城市人口有望占到总人口的40%,从而成倍增加对城市设施的需求,如住房、能源、交通、水和废物处理。当前,中国工业部门能耗占全国总能耗的65%,且单位能耗与国际先进水平相比仍有10%—30%的差距。碳捕集和利用技术的发展对钢铁、水泥和化肥制造等难脱碳的行业非常重要,但成本昂贵。截至2019年12月,中国城镇化率为60.60%,远低于发达国家80%以上的水平,未来10年还将处于加速期,必然带来交通、建筑和住房、基础设施建设的大量需求和随之而来的碳排放的增加。

第三,技术转让的要求。技术及其专门知识的转让将是加强发展中国家适应和缓解措施的关键。而核心技术缺乏是中国和印度不得不面对的重要挑战。尽管两国在风电、太阳能光伏等领域已经具备一定的市场和竞争优势,但核心零部件,如轴承、变流器、控制系统、齿轮箱等的生产技术难关还未攻克。中国和印度在高性能电池材料、电池标准及生产、氢动力和生物燃料、绿色船舶领域的前瞻性技术等方面也远远落后于欧美日等国家。此外,中印还需要适当的培训和跨部门技能的提升,需要大量资源来实施全国和各地区的能力建设计划以应对气候变化的挑战。

第四,资金缺口。金融是推动气候变化行动的关键因素。IEA初步估计,到2030年,印度至少需要2.5万亿美元(以

2014—2015年的价格计算）来应对气候变化。亚洲开发银行一项评估南亚适应气候变化成本的研究表明，到2030年，印度仅在能源部门的适应成本就大约为77亿美元。印度国家转型委员会（NITI Aayog）的估计表明，以2011年的价格计算，到2030年，印度实现减排将花费约8340亿美元。而根据清华大学的测算，要在2060年实现碳中和目标，未来30年中国能源系统需要新增投资约100万亿—138万亿元。目前，中国和印度气候行动的资金主要来自国内资源。大规模扩大气候行动计划将需要更多的资源，必须以市场化方式动员公共和私人部门资金。

第五，不确定性冲击可能会给能源转型进程带来不确定性。受新冠疫情影响，中国和印度都面临着挑战。持续的供应链瓶颈、商品价格高企以及俄乌冲突导致的国际能源价格的高涨，也严重影响了两国短期的能源政策走向。但是，鉴于两国持续推动碳中和进程的决心，预计未来两国将发布更多旨在减少特定经济领域碳排放的政策和法规，并推出更多激励措施以鼓励私人资本参与能源转型。

## 二 中国和印度油气行业的转型[*]

中国和印度在全球油气格局中占据了显要地位。中国是世界第二大石油消费国、第一大石油进口国和第一大石油净进口国；印度是世界第三大石油消费国、第三大石油进口国和第二大石油净进口国。而中印两国油气产业存在诸多共性，包括对石油和天然气的需求量大且呈现快速增长势头、油气产能不足且严重依赖进口。因此，供应安全和低碳转型是中印两国油气行业发展面临的共同挑战。

### （一）中国油气行业转型发展的沿革、现状、挑战与前景

过去60年，中国油气行业发生了翻天覆地的变化。从基础石化产品不足以自给，发展到形成1.9亿吨原油生产能力、1615亿方天然气生产能力、8.3亿吨炼油能力、13.6万千米油气运输管道，同时还延伸发展了新能源、新材料、精细化工等高新技术产业，建立起完整的产业体系。在国际合作方面，中国油气企业由试探性"走出去"到大规模并购，实现油气资源配置持续优化。

---

[*] 本部分作者周伊敏，中国社会科学院世界经济与政治研究所助理研究员。

## 1. 中国油气行业转型发展的历史沿革

第一阶段：石油管理体制转型：产业链分工明确的石油行业格局形成。

1955年7月，国务院设立"石油工业部"，这是中国早期的国家石油管理部门。中华人民共和国成立初期，中国大力发展石油工业，在1967—1976年对能源建设的投资超过了500亿元，扩建了大庆油田，并在东北、西北、山东、河南、四川、湖北等地区新建了大量油田，原油产量以年均近30%的速度增长。1978年，全国原油产量首次突破1亿吨，达到1.06亿吨（约213万桶/天）。

20世纪80年代初期，石油行业包干方案正式实施，激活了石油工业内在机制的深刻变革。"三桶油"相继登场：1982年2月，中国海洋石油总公司成立，该公司为中国海洋石油集团有限公司（以下简称"中国海油"）的前身；1983年7月，中国石油化工总公司成立，该公司为中国石油化工集团有限公司（以下简称"中国石化"）的前身；1998年7月，国家石油管理体制发生重大变化，国务院撤销了"石油工业部"，以其所辖主要资源和资产为依托，成立中国石油天然气总公司，该公司为中国石油天然气集团有限公司（以下简称"中国石油"）的前身。"三桶油"业务范围设定：中国石油主要统筹陆地石油、天然气上游领域的生产业务，兼有部分政府管理、调控职能；中国海油主要从事海上油气；中国石化主要负责下游炼化。至此，中国石油行业形成了产业链分工明确的行业格局。

第二阶段：石油行业格局对内调整：南北分管，有序竞争。

在产业链分工明确的石油行业格局下，中国石油产业链中的上游和下游业务被中国石油和中国石化各自垄断，名义上二者不存在竞争关系，但实际运营过程中，中国石油业务范围不断下探以获取更大的回报，中国石化的炼化企业也在尝试寻找上游"油源"以降低原料成本,双方业务交叉,不可避免地出现竞争。产业链分工明确的石油行业格局设定不符合市场竞争规律,石油行业亟须进行新的调整。

随着党的十三大报告中明确提出"加强建立和培育社会主义市场体系",市场竞争机制的作用范围和领域进一步扩大。石油行业通过重组的方式引入市场竞争机制,打破原有的上下游分管的格局。1998年3月,中国第九届全国人民代表大会第一次会议审议通过《国务院机构改革方案》,将国内油气田、炼油、石油化工企业及石油公司和加油站,按照上下游结合的原则,重组为中国石油天然气集团有限公司和中国石油化工集团有限公司,形成适应社会主义市场经济体制的竞争性格局。

中国石油和中国石化南北分治:北京以南的东部、南部地区的企业划归中国石化,北京以北的东北、华北的大部分地区的企业以及西北、西南部分地区的企业划归中国石油。三大石油公司相继开展内部大重组,将油气主营业务资产剥离,独立发起设立股份有限公司,并分别在境内外上市。2000年4月6日,中国石油股票在美国纽约证券交易所挂牌交易,次日,在中国香港联合交易所挂牌交易。2000年10月9—12日,中国石化在境外首次公开发行167.8亿股H股,募集资金34.6亿美元。同月18日、19日,中国石化H股分别在香港、纽约和伦敦上市。中国海洋石油集团有限公司于1999年8月在香港注册成立,并于2001年2月27日和28日分别在纽约证券交易所和香港联合交易所挂牌上市。重组后的中国石油和中国石化各有侧重,有序竞争。中国石油在上游勘探开发板块优势明显,而中国石化保持其在中游和下游的传统优势。

第三阶段:石油行业对外战略布局:三桶油的国际化。

改革开放带来中国经济的高速发展,石油需求快速上涨,1993年,中国再次成为石油净进口国,国家能源安全问题凸显。在此背景下,"三桶油"纷纷走出国门,"两个市场,两种资源"实现石油全球配置。

1993—2008年为起步阶段，取得累累硕果。中国石油于1993年在秘鲁获得塔拉拉油田第七区块石油开采服务作业权。此后，中国石油陆续在苏丹、秘鲁、委内瑞拉、哈萨克斯坦获得海外石油开采权。中国海油于1994年累计收购印尼马六甲区块近40%的权益；2002年年底，收购东固液化天然气（LNG）项目12.5%的权益；2003年，收购澳大利亚西北大陆架天然气项目5.3%的权益；2005年，收购加拿大MEG公司16.7%的股份，同年，中国海油以185亿美元与雪佛龙竞购拥有优质天然气资产的美国优尼科，尽管竞购失败，但中国海油的国际知名度和市值都得到大幅提升；2006年，收购尼日利亚海上10亿吨级巨型油田的权益；2008年，收购挪威Awilco Offshore ASA公司。

2009—2013年是石油行业的"中国并购时代"。2008年国际金融危机的爆发使得国际油价暴跌，随后"三桶油"快速扩大了海外并购规模，2009—2013年，"三桶油"海外并购总金额超过1000亿美元。中国石油于2009年完成对新加坡石油公司45.51%股份的收购；2012年年底，与加拿大Kulob Petroleum公司签署塔吉克斯坦Bokhtar区块权益转让协议，获得该区块33.335%权益；2013年，收购巴西国家石油公司所属的巴西能源（秘鲁）公司全部股份，中标巴西利布拉深海油田开发项目10%的权益、莫桑比克4区块项目20%的权益，收购亚马尔液化天然气（LNG）项目20%股份，获取康菲石油位于西澳大利亚海上布劳斯盆地波塞冬项目20%的权益，以及陆上凯宁盆地页岩气项目29%的权益。中国石化于2009年收购总部位于瑞士的阿达克斯（Addax）石油公司；2011年，与澳大利亚太平洋液化天然气有限公司（APLNG）就APLNG15%股份认购项目完成交割；2012年，收购美国Devon能源公司在美国5个页岩油气资产1/3权益，增持澳大利亚太平洋液化天然气有限公司

10%股份，收购Galp巴西资产30%权益项目，收购法国道达尔公司所占OML138区块20%的权益，收购加拿大塔利斯曼能源公司英国子公司49%股份；2013年，收购美国阿帕奇石油公司埃及资产1/3的权益。中国海油于2009年联合中国石化收购安哥拉32区块20%的权益；2010年，收购阿根廷布里达斯能源控股有限公司50%的股份；2011年，收购加拿大公司OPTI；2012年，收购英国图洛石油公司（Tullow Oil）在乌干达1、2和3A勘探区各1/3的权益，购入切萨皮克能源公司丹佛—朱尔斯堡盆地及粉河盆地油气项目共33.3%的权益交易；2013年，以151亿美元收购加拿大尼克森公司。

2014年，国际油价开始新一轮下跌，民企开启"接力"并购潮。随着美国页岩繁荣带来产量增长，再加上石油输出国组织（OPEC）不断增产、全球经济增长乏力，2014年国际油价开始新一轮下跌。三大油企选择收缩收购规模，根据中石油集团经济技术研究院发布的《2014年国内外油气行业发展报告》数据，2014年，三大油企的海外项目收购金额不到30亿美元，相比2013年减少了90%。一些非油气行业的民营企业，如海南正和实业集团股份有限公司和海南宝华房地产综合开发经营公司，通过收购海外油气企业，转型为石油企业。2014年，中国民企在海外油气投资达到22亿美元。

第四阶段：石油行业开始绿色转型。

2015年年末举行的联合国气候变化大会成果亮眼，来自近200个国家和地区的代表参会并提出了应对气候变化的多个目标。《巴黎协定》签署后，全球多个国家正式落实《巴黎协定》，积极展开对清洁能源产业的发展。随着《巴黎协定》的实施，全球石油石化行业面临越来越严格的碳排放约束，传统能源行业的低碳转型迫在眉睫。以"三桶油"为主的能源企业在保障国内能源安全的基础上，正在积极加快发展新能源业务。"三桶油"在清洁能源和电力业务上都取得了显著的成效，其中，中国石油2021年新增地热供暖面积1000万平方米，是"十三五"时期的两倍，还实现了大型集中式光发电项目并网。在"十四五"时期，中国石油还将制定完善并推进实施新能源业务发展专项规划和绿色低碳行动计划，重点发展地热、风电和光伏发电、天然气发电与新能源融合发展业务。中国石化贡献了全国约14%的氢气产量，达到350万吨/年，完成和启动多项大型规模的风电和光伏项目，并积极开展生物能源和煤炭化工领域的发展和探索。中国海油成立子公司中海油融风能源有限公司，用于负责包括风光电的开发以及新能源技术的相关服务，同时整合中海油集团资源，为碳达峰碳中和目标的实现做好准备。

## 2. 中国油气行业发展现状

### （1）中国油气生产和消费格局

在过去的20年间（1999—2020年），中国石油产量增长未能与消费增长保持同步。如图2.1所示，自1993年以来，中国石油消耗量增速明显快于原油产量增长，且后续石油消耗量与原油产量的差距不断扩大。当前，中国是仅次于美国的全球第二大石油消费国。中国石油消费量已实现连续29年增长，2019年增幅为68万桶/天，需求增长约占世界石油需求增长的74%。2019年，中国石油消耗量增速达5.1%，超过2007—2017年中国石油消耗量的年均增长率（4.9%），石油消耗总量达到1406万桶/天。根据《BP世界能源统计年鉴（2020）》公布的统计数据，截至2019年年底，中国拥有36亿吨（262亿桶）探明石油储量，与2018年持平，是亚太地区石油储量最高的国家。

有三个因素推动中国原油进口增长。一是国内石油产量下降，而消耗量仍在增长。自2016年以来，中国国内原油产量出现明显下滑，2018年，国内原油产量较2017年下降了1.3%，而国内石油消耗量在以4.1%的增速上涨。二是由于国内增加战

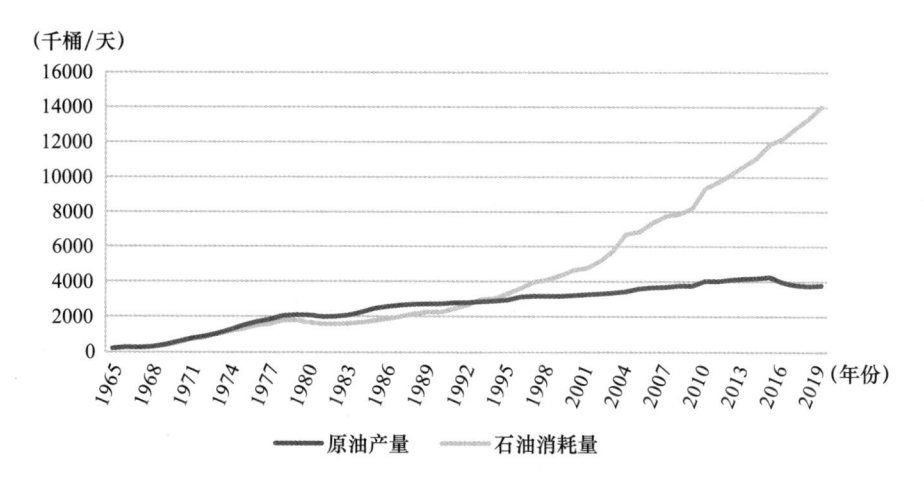

**图 2.1　1965—2019 年中国石油消耗量与原油产量**

资料来源：*BP Statistical Review of World Energy 2020*。

略石油储备，原油进口量增长快于国内消费。三是随着"十三五"时期中国七大炼化基地的发展，中国炼能转向规模化发展。据估计，2019 年全国原油一次加工能力将净增 3200 万吨/年，全国炼油总能力达到 8.6 亿吨/年。2019 年，炼油新增能力主要来自中科炼化（新增产能 1000 万吨/年）、浙江石化（新增产能 2000 万吨/年）及山东地方炼厂（神驰化工新增产能 500 万吨/年、鑫岳燃化和鑫泰石化分别新增 350 万吨/年）①。

2019 年，中国可探明天然气储量为 8.4 万亿立方米，是亚太地区天然气可探明储量最高的国家。在过去 20 年中，中国的天然气生产和需求已大幅增长。1998—2018 年，中国的天然气产量增长了近五倍，达到 1615 亿立方米。根据中国"十三五"规划的目标，2020 年天然气产量达到 2070 亿立方米。在天然气消费方面，2018 年天然气消费量为 2830 亿立方米，比 2017 年增加了 17.7%。2018 年，中国进口天然气 1213 亿立方米以填

---

① 刘朝全、姜学峰：《2018 年国内外油气行业发展报告》，石油工业出版社 2019 年版；中国石油集团经济技术研究院：《2019 年国内外油气行业发展报告》，石油工业出版社 2020 年版。

补国内供给短缺，占全球天然气进口贸易的 12.9%。中国进口天然气以液化天然气（LNG）为主，2018 年进口 LNG 总量为 735 亿立方米，占中国天然气进口总量的 61%。

**（2）中国炼油工业发展状况**

根据中石化经济技术研究院的数据，截至 2021 年年底，中国炼油产能达 8.93 亿吨，较 2020 年增长 1140 万吨。市场结构上，随着中国成品油市场化改革的推进，成品油市场供应主体多元竞争格局业已初步形成。2007—2017 年，民营企业市场比重显著提高。2017 年，中国石油、中国石化和中国海油的炼化产能占比已由 2007 年的 83% 降至 66%，民营炼油厂的占比由 2007 年的 11% 提高至 24%。[①]

**（3）中国油气管道设施建设和油气储备**

中国油气输送管道建设在不断推进，管道网络已初步建成。在"十一五"时期和"十二五"时期，中国新增油气管道里程数分别为 3.45 万千米和 3.02 万千米。截至 2018 年年底，中国油气长输管道总里程累计达到 13.6 万千米，其中石油运输管道累计达到 5.7 万千米，天然气管道累计达到 7.9 万千米。中国石油、中国石化与中国海油在国内油气长输管线资产占比分别为 63%、15% 与 7%。2019 年 12 月，国家石油天然气管网集团有限公司（以下简称"国家管网公司"）在京正式成立，统筹规划管网运营和发展。2020 年 9 月，"三桶油"将向国家管网公司移交部分油气管网资产项目管理权。国家管网公司开始全面运营意味着国内油气行业全产业链被重塑，既有利于推动上下游油气资源多主体多渠道供应，也将有望促进形成市场化油气价格机制。

中国建造石油储备是在 2003 年油价上涨的背景下开始的，比西方国家晚了 30 年。根据国务院批准的《国家石油储备中长

---

[①] 中国石油化工集团公司经济技术研究院等编：《中国石油产业发展报告（2018）》，社会科学文献出版社 2018 年版。

期规划》，2020年以前，中国将完成相当于100天石油净进口量的储备规模，达到国际能源署对成员国石油储备的基准水平。国家统计局数据显示，截至2017年年中，中国建成舟山、舟山扩建、镇海、大连、黄岛、独山子、兰州、天津及黄岛国家石油储备洞库共9个国家石油储备基地，利用上述储备库及部分社会企业库容，储备原油3773万吨。① 中国天然气消费增速明显，对外依存度已达到70%，但天然气战略储备发展相对滞后，难以保障天然气供应安全。据《天然气发展"十三五"规划》，2015年，中国地下储气库工作气量为55亿立方米，预计到2020年，中国地下储气库工作气量实现达到148亿立方米的目标。2020年4月，国家发展改革委、财政部、自然资源部、住房和城乡建设部、国家能源局5部门联合印发《关于加快推进天然气储备能力建设的实施意见》，在优化规划建设布局、建立健全运营模式、深化体制机制改革、加大政策支持力度以及落实主体责任五个方面，对加快推进天然气储备能力建设提出实施意见。

### 3. 中国油气行业发展的挑战

**（1）国内原油勘探开采成本不具国际竞争力**

常规油气勘探开发存在难度加大、资源品质下降的问题。国内老油田已进入开发中后期，面临的开发环境越来越恶劣。主力油田综合含水已达94.64%，可采储量采出程度已达92.31%，油田开发整体上处于"双高"阶段，难以实现产量大幅增长，总体经济效益持续下滑。在国际原油流动通畅的大背景下，各大油田纷纷减产的背后是因为中国原油成本过高，资料显示，2016年全国平均成本为48美元/桶，在国际市场不具

---

① 《国家石油储备建设取得重要进展》，2017年12月29日，国家统计局网站，http://www.stats.gov.cn/tjsj/zxfb/201712/t20171229_1568313.html。

有竞争力。

非常规油气勘探开发成果初现，页岩油气的勘探开发在鄂尔多斯、松辽、准噶尔三个盆地中都取得了成绩，但其他区块至今尚未实现重大突破。与美国等地区页岩气资源相比，中国页岩资源地质条件更加复杂，资源丰度低、埋藏深、技术要求高，开采难度大。在对页岩资源开采补贴逐步减少的背景下，企业勘探开发的经济性进一步降低，如若取消补贴甚至难以实现盈亏平衡。

**（2）国内石油系统的体制和结构性困局**

部分大型国有企业经营机制不灵活、治理结构不完善，管理水平较国际一流企业仍存在较大差距。企业人员结构失衡，企业一线研发人才储备不足，经营成本相对较高。在用人体制上，石油机构臃肿现象严重，减员改革难以推进。低油价下企业大幅削减投资，油田作业量减少，员工收入下降，人才流失严重，甚至可能带来老油区社会稳定等风险隐患。尽管企业采取了部分员工提前退休、减少招聘、提高企业的运作效率等措施，在一定程度上缓解了压力，但仍然无法有效解决问题。与国际知名石油公司相比，国内庞大的石油系统存在很大的改进空间。中国石油员工数为46.9万人，而全球最大的非政府石油天然气生产商埃克森美孚只有7.1万人，就可以负责该公司全球的石油开发，钻井、地震作业等业务都通过外包来完成。

国内油气产业结构性矛盾日益突出。勘探开发进入门槛高、油气领域勘探开发主体较少、区块退出和流转机制不健全，难以实现市场充分竞争。管道运营不透明，难以实现第三方市场主体的接入和使用。

**（3）海外油气供应安全问题**

当前，中国油气进口主要集中在中东等地缘政治不稳定地区。根据中国石油集团经济技术研究院发布的《2019年国内外油气行业发展报告》，中国石油和天然气对外依存度均突破70%。据统计，尽管近几年油气进口来源有多元化发展的趋势，但供应区域份额并未产生明显变动，来自中东地区的原油进口占到总进口量的48%。海湾地区90%以上的石油，要经过霍尔木兹海峡运往东亚和欧洲。如果霍尔木兹海峡被封锁，可能造成油价上涨，甚至出现市场供给短缺的局面。此外，陆上跨国管道突发事件的风险仍然存在。

(4) 海外投资面临风险较大

当前，中国的石油海外投资迅速增长，但控制和抵御风险能力不强，国际话语权较弱。由于中国企业"走出去"相对较晚，石油企业海外投资项目多集中在政治动荡、自然条件恶劣的地区，风险较大。2011年，受当地政局动荡的影响，中国石油下属长城钻探公司在利比亚、尼日尔、叙利亚、阿尔及利亚等地6个较大的海外项目合同中止，影响公司全年营业收入约12亿元。一些国内企业通过"走出去"已获得国外区块，积累了技术和管理经验，但国内准入仍存在诸多限制，制约了多元化资本投入。例如，2011年中海油遭到印尼国家石油公司的无端挤压并最终决定撤销参与安哥拉项目的竞购；中国石油也因受到合作方的强势限制，放弃与加拿大能源公司合资在加拿大西部峻岭油区开发页岩气的计划。随着中东格局再起波澜，油气上游投资环境复杂多变，国际化经营将面临更大的不确定性。

(5) 项目建设和管道安全面临压力

随着中国城乡经济发展和城镇化率提高，石油产能建设及基础设施项目与城乡规划、土地利用、生态保持的冲突时有发生，用地保障难度加大，部分管道路由难以协调。管道建设与其他基础设施相遇相交日益增多，管道占压和第三方破坏、损伤比较严重，管道安全运营风险加大，管道检验检测和完整性管理还未推广，检验检测技术水平不适应安全需求。渤海等近海海域用海矛盾日益突出。国家对海洋石油开发及管输环境保护和作业安全提出更高要求。[①]

**（6）炼厂面临生存压力**

整体来看，国内炼厂目前存在两个主要问题：其一，国内炼厂一体化水平不高。尽管国内炼油产能总量巨大，但仅有19家炼化一体化企业，产能占比约28%，剩余72%主要来自燃料炼厂。从规模上比较，国内炼厂平均规模为412万吨，显著低于全球炼厂平均规模（759万吨）。其二，炼厂普遍技术和装备水平竞争力较弱，仅有15家炼厂能做到单位能耗在8.5千克标准油/吨以下，这意味着大部分炼厂应对环保政策和油价等因素的承受力有限。

### 4. 中国油气行业发展的前景

**（1）油气行业市场化发展**

目前，中国正在采取多项措施推进油气行业的市场化发展。其一，放宽市场准入，包括推进完善勘查区块竞争出让制度、放松成品油终端消费环节的控股限制条款等措施。随着油气上下游领域逐步放开，民营企业等"非传统"力量将与传统国有石油企业共同竞争。其二，完善管网建设运营机制，落实基础设施公平接入。国家管网公司的建立是天然气市场化改革中的重要一环，将推动天然气供应市场主体的多元化发展，提高基础设施运行效率。其三，推进油气市场化定价，完善行业管理和监管。2016年，在国家发改委、国家能源局直接指导下，成立上海石油天然气交易中心（以下简称"上海油气交易中心"）。该中心属国家级能源交易平台，其成立初衷在于推进油

---

[①]《石油发展"十三五"规划》，2016年12月24日，中国国家发展和改革委员会，https://www.ndrc.gov.cn/xxgk/zcfb/tz/201701/W020190905516265178445.pdf。

气市场化改革，在价格形成机制、供求结构和行业规范上建设现代市场体系。整体而言，这一系列的改革措施优化了外资在中国油气行业的投资环境，增加了投资选择。从长期来看，国内民营企业和外资企业进入油气领域，将加大国内市场竞争，加速国内油气的市场化改革。

(2) 油气行业技术升级

新的技术和管理理念正在颠覆着许多传统行业，实现技术升级将是未来几十年油气行业信息化发展的重要引擎。传统油气企业通过与科技型公司（如 Apache、壳牌、IBM、华为等）合作，有效推进了油气企业的信息化发展。油气行业信息化的主要目标是提高油气采出效率、优化油气生产加工过程、优化油气企业管理体系。根据国际能源署的预测，数字技术的大规模应用，能够让油气生产成本减少10%—20%，让全球油气技术可采储量提高5%。

为实现石油石化行业信息化，以"三桶油"为代表的国内油气企业都将推进共享平台建设、提升数据应用能力、扩展物联网、强化智能基础设施和网络安全保障等措施作为其信息化建设的重点：中国石油提出全面推进油气勘探技术、开发技术、工程技术、管理及服务智能化建设；中国石化规划建立"石化智云"打造智能工厂；中国海油在其"十三五"信息化规划中，提出在持续推进"数字海油"的基础上，重点推动"互联海油"建设，积极向"智慧海油"的愿景迈进。

(3) 油气行业低碳化转型

随着全球能源转型的推进，中国"三桶油"在发展传统化石能源业务，尤其是大力发展天然气业务的同时，也在纷纷布局新能源产业，扩大能源产业链，实现传统能源和新能源的互补。从战略布局方向来看，"三桶油"在风能、太阳能、生物质、地热能、氢能、新能源材料以及新能源基础设施等方面均有涉及，但在发展规划中紧密联系主营业务，根据企业已有资源基础，在发展新能源项目上各有侧重。中国石油主要是与油田结合的新能源项目，例如利用油田"余热"的地热项目、在油田试验分布式太阳能电站以及尝试继续扩大太阳能和风电规模等。此外，依托其炼化产业技术优势，生物柴油和生物乙醇（酒精）等生物能也是中国石油布局新能源的重要方面；中国石化侧重于氢能的发展。中国石化在氢能项目上具有产业链与石油业务一体化优势，且具有强大的氢气产能。2018年，中国石化制氢能力为300万吨/年，占全国产能的15%；中国海油的布局重点是海上风电，这与中国海油的基础业务契合度高，且潜在市场规模巨大。中国石油企业还在着力提升天然气业务占比，其中，中国海油预计到2030年天然气占比将达50%，中国石油也将国内天然气产量的比重提升至56%的目标。

## （二）印度油气行业转型发展的沿革、现状、挑战与前景

自印度独立以来，石油工业始终被作为其经济发展的重点。目前，印度已经发展出印度石油天然气公司、印度石油公司、印度巴拉特石油公司、印度斯坦石油公司等国际大型油气企业。印度政府对油气产业进行了九轮改革，通过开放国内市场、鼓励国际投资、减税等方式，刺激国内油气产业发展。在国际合作方面，印度实施"引进来"和"走出去"并举的举措。

**1. 印度油气行业转型发展的历史沿革**

第一阶段：印度油气体制改革：石油工业的国有化。

石油在印度工业化和国家能源安全中的地位举足轻重。独立后，印度在1948年工业政策中，将石油工业发展放在首位。

在 1955—1956 年，印度多次派代表团前往欧洲进行石油工业技术经验的学习和专业人员的培训，并从联邦德国、罗马尼亚、美国和苏联引进该领域的外国专家。出访印度的苏联专家帮助印度制定了第二个五年计划中的石油勘探和钻探计划。

独立后相当长的一段时间内，外国企业继续在印度石油工业中发挥关键作用。当时的印度石油有限公司是印度政府与英国 Burmah 石油公司（现为 BP）的合资企业，其开发了阿萨姆邦的 Naharkatiya 和 Moran 两个油田；而印度政府与美国 SOCO-NY-Vacuum 公司（现为埃克森美孚）的合资企业从事印度东部 Indo-Stanvac 石油项目的勘探工作。1956 年，印度政府通过了《工业政策决议》，进行印度石油工业的国有化，并将于 1955 年成立的石油和天然气管理局（ONGD），升格为具有增强权力的委员会—石油和天然气委员会（ONGC），并通过议会法案[1]改制成法定机构。自成立以来，ONGC 在印度石油上游业务扩张中发挥了重要作用：在内陆地区，ONGC 不仅在阿萨姆邦发现了新的资源，还在坎贝盆地（古吉拉特邦）建立了新的石油省，同时在阿萨姆邦—阿拉干褶皱带和东海岸盆地（内陆和近海）发现了新的含油区域；在海上区域，ONGC 陆续发现了孟买高地（Bombay High）油田和西部近海的巨大油气田。[2] 1981 年，印度石油公司（Oil India Limited，OIL）由合资公司转型为印度国家石油公司（政府独资企业），主要从事原油和天然气的勘探、开发和生产以及原油运输和液化天然气生产业务。[3] 直至今日，印度国有企业在印度能源市场占据垄断地位。

---

[1] 该法案规定，石油和天然气委员会的主要职能是"规划、促进、组织和实施石油资源开发，制定生产和销售石油和石油产品的计划，以及履行中央政府可能行使的其他职能"。

[2] 资料来源：印度石油天然气有限公司官网（http://www.ongcindia.com）。

[3] 资料来源：印度石油有限公司官网（https://www.oil-india.com/）。

第二阶段：1991年至今：油气上游产业的市场化。

印度石油市场的自由化进程始于1991年，有两个方面的推动因素：一方面，印度是仅次于中国和日本的亚太地区第五大初级能源消费国和第三大石油消费国，需要通过市场化途径引入资本、先进的技术和管理经验，加快国内油气勘探进度，以满足国内不断增长的油气需求；另一方面，当时印度向国际货币基金组织申请18亿美元的援助贷款，需要接受启动进一步改革的援助条件。印度一系列的改革举措推动了印度的自由市场经济改革，也为外资企业打开了市场。

为了推动石油部门市场化改革，印度政府采取了多项措施。第一，印度政府通过减少国有企业控股比例来放松对石油部门的管制和许可。1994年2月，印度政府根据1956年《公司法》将原来的石油和天然气委员会重组为石油和天然气有限公司（Oil and Natural Gas Corporation Limited），并通过竞争性招标和向员工发行股票的方式减持了约4%的股份。在1999年又通过交叉持股的方式，向下游巨头印度石油公司和印度天然气管理局有限公司分别转让了10%和2.5%的股份。印度政府在OIL的持股比例也减少至66%，剩余股本的34%由公众和其他机构持有。

第二，为配合石油工业市场化改革，印度政府设立上游监管机构碳氢化合物总局（Directorate General of Hydrocarbons, DGH）。该机构成立于1993年4月8日，其主要职能是监督和审查油气田开发计划，实现印度石油和天然气活动与经济发展方面的环境安全和平衡。

第三，实施多轮勘探许可证政策，推动上游领域改革。为了促进国内油气产量的增加，从1980年至实施新勘探许可证政策（New Exploration Licensing Policy, NELP）之前，印度实施了9轮勘探区块招标，向私营公司发放了28个勘探区块，其中海上13个、陆上15个，印度石油天然气公司和印度石油公司在区块获得发现后有权参与开发。①

1998年印度政府启动了新的勘探许可政策。新政策中规定，印度国有石油公司、国内私人公司和外国公司，只有通过竞争性招标系统才能获得勘探许可证，且外资投资比率提高到最多可达100%。1999—2012年，印度政府共启动了9轮勘探许可招标，共授予254个石油和天然气勘探区块，其中深水81个、浅水59个、陆上114个（见图2.2）。但该新勘探许可证政策制度存在三个主要问题：一是新勘探许可证政策制度与非常规资源自由政策冲突；二是产量分成合同（PSC）形式中关于回收成本额，企业和政府之间常常不能达成一致；三是对于不同开采风险的区块，政策上缺乏灵活性。

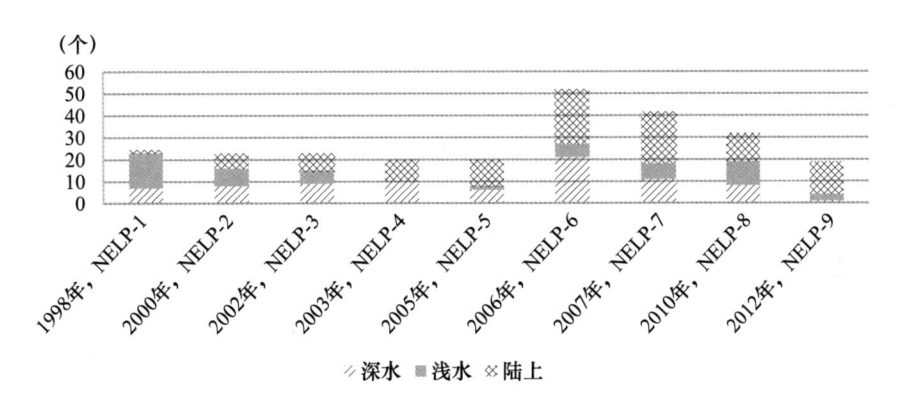

图2.2 1998—2012年印度每轮新勘探许可中授予的勘探区块个数

资料来源：Directorate General of Hydrocarbons, Ministry of Petroleum & Natual Gas, Government of India。

2016年3月，印度政府采用新勘探许可政策（Hydrocarbon Exploration Licensing Policy，HELP）代替了1998年的新勘探许可政策。HELP中统一勘探和生产各种形式的碳氢化合物的许可政策、由收入分成合同替代产量分成合同、降低高风险矿区使

---

① 《印度：油气政策变迁"路漫漫"》，《中国石化报》2018年8月21日。

用费、开放所生产的原油和天然气的销售和定价自由。此外，印度政府于2017年6月启动开放土地许可政策（OALP），成为加快印度的勘探与生产活动的关键驱动。该政策允许公司自行选择勘探区块，而无须等待政府的正式招标。在开放式土地许可政策下，前三轮新勘探许可招标中，印度政府累计向勘探和生产公司授予了78个区块的勘探许可，覆盖面积达到118280平方千米。[①] 2019年2月28日，印度政府进行了进一步的政策改革，开放未开采/授权沉积盆地区块，并通过简化和加快审批流程来促进勘探生产业务的便利性。该项改革从第四轮招标开始生效。2019年8月，印度政府启动第四轮国际竞争性招标，提供了7个区块，覆盖面积18500平方千米。印度政府已于2020年1月启动OALP第五轮招标，通过国际竞争性招标提供了11个勘探和开发区块，包括超深水区块1个、浅水区块2个、陆上区块8个，覆盖面积达19789平方千米。

### 2. 印度油气行业发展现状

**（1）印度油气生产和消费状况**

印度油气生产和消费呈现两个突出特征：第一，印度油气需求处于快速上涨的阶段，而国内资源不足，因而具有很强的进口依赖（见图2.3和图2.4）。在印度国内石油需求快速增长、原油产量停滞不前的背景下，印度原油进口依存度高企的问题日益凸显。印度在2015年曾计划到2022年将石油进口依存度降低至67%，但根据其石油部门数据，印度2018—2019财年的石油对外依存度已达到约84%。2018—2019财年，印度原油进口量估计达到2.30亿吨，较上一年同期增长4.13%；印度的石油消耗量估计为2.11亿吨，较去年增长2.36%。2018—2019

---

① "Salient Features of Policy Reforms in Indian E&P Sector", Directorate General of Hydrocarbons, 2019.

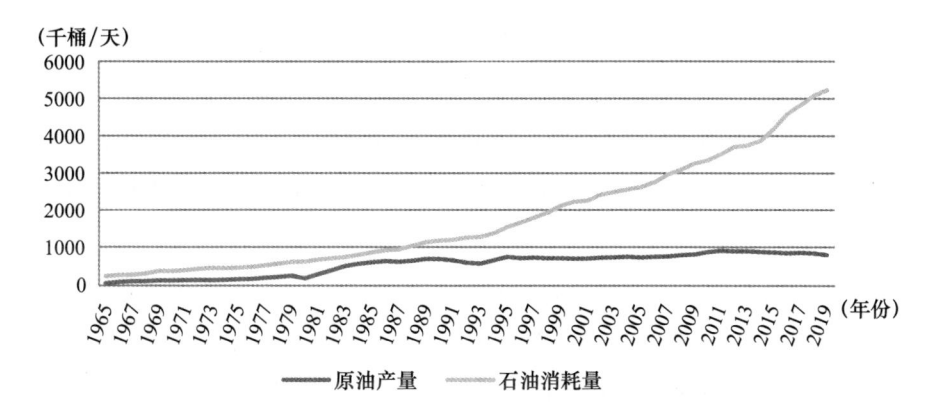

**图 2.3　1965—2019 年印度原油产量和石油消耗量**

资料来源：*BP Statistical Review of World Energy 2020*。

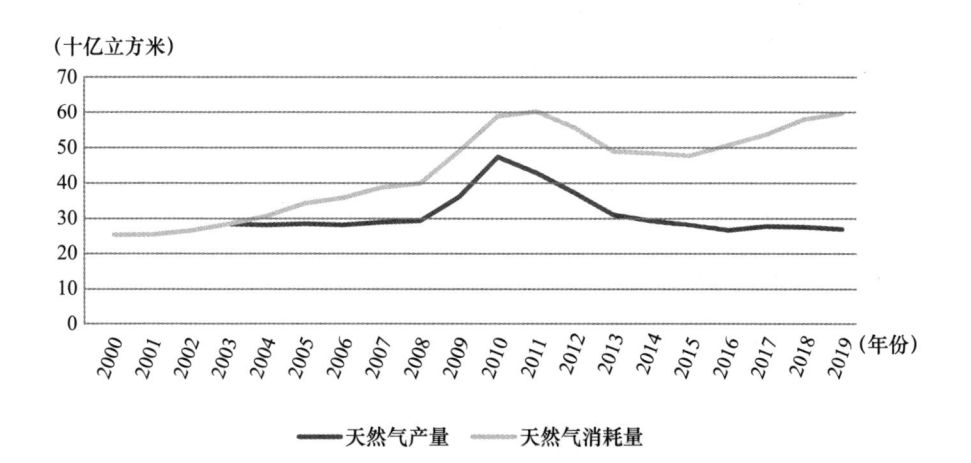

**图 2.4　2000—2019 年印度天然气产量和消耗量**

资料来源：*BP Statistical Review of World Energy 2020*。

年，印度的天然气总消耗量约为 1.4802 亿万立方米/天，其中 48% 由印度国内天然气气源供给。印度国内的天然气田位于哈齐拉盆地、孟买近海、克里希纳—戈达瓦里盆地以及东北地区的阿萨姆邦和特里普拉邦。2018—2019 年，印度国内天然气总产量约为 9005 万立方米/天。印度国内 52% 的天然气消耗需要依靠进口，以液化天然气进口为主。目前，印度有 6 个正在运营的液化天然气再气化码头，其中有 3 个位于古吉拉特邦，2 个位于喀拉拉邦，1个位于泰米尔纳德邦，合计产能约为1.40亿立方米/天。

第二，印度油气上下游产业主要由其国有企业掌控，尤其是上游产业。印度油气上游部门主要由两家大型国企印度石油天然气公司与印度石油公司（ONGC和OIL）主导。ONGC和OIL在印度石油产量中占比71%，天然气产量占比为81%；尤其是ONGC，贡献了印度国内61%的石油产量和71.5%的天然气产量。私营企业和外资企业石油产量占总产量的29%，天然气产量仅占总产量的19%。[1] 印度炼油产业也是以国有企业为主，但私营企业扮演了重要角色，如，信实工业公司（RIL）和爱萨（Essar）石油公司已经成为印度重要的炼油厂商。印度炼油行业中国有企业、合资企业和私有企业的总炼能达到2.49亿吨/年，其中印度国有炼油厂的总炼能为1.42亿吨/年，占总炼能的57%；合资炼厂炼能为0.19亿吨/年，私营炼厂炼能为0.88亿吨/年。[2]

**（2）印度油气管道设施建设和油气储备**

作为原油对外依存度高的国家之一，印度近年通过建立石油战略储备，以避免受到原油供给中断冲击的影响。印度战略原油储备位于印度南部的安得拉邦和卡纳塔克邦，由印度石油工业发展委员会（OIDB）的全资子公司印度战略石油储备有限公司（ISPRL）管理，可储备容量约为500万吨（3700万桶），可满足印度9.5天的原油需求。[3] 印度的炼厂原油储存量可支持

---

[1] "Energizing and Empowering India: Annual Report 2018–2019", Ministry of Petroleum and Natural Gas, https://mopng.gov.in/en/documents/annual-reports.

[2] "Refinery Capacity", Ministry of Petroleum and Natural Gas, https://mopng.gov.in/en/refining/refining-capacity.

[3] "Indian Strategic Petroleum Reserve Limited", Ministry of Petroleum and Natural Gas, https://mopng.gov.in/en/international-cooperation/isprl.

印度 65 天的原油需求，因此印度整体原油储备达到约 75 天的储备量。此外，印度正计划扩展其战略原油储备能力，政府已批准在 Chandikhol（钱迪霍尔）和 Padur（帕杜尔）新建两个战略原油储备库，总储能为 650 万吨，将扩展 11.5 天的额外储能，届时印度原油储备将达到约 87 天的储备量。

印度当前正在运营的天然气管道总长 16800 千米。约有 14300 千米的天然气管道正在开发建设中，具体包括四个管道项目：一是 Jagdishpur-Haldia 和 Bokaro-Dhamra 天然气管道项目（JHBDPL）与 Barauni-Guwahati 管道项目（BGPL），该项目的建设由位于 Gorakhpur、Barauni、Sindri 和 Durgapur 的化肥厂提供支持，同时连通东北地区管道与国家燃气网；二是东北地区（NER）燃气网，该管道主要输送在东北各州生产的家用天然气，并接入国家燃气网；三是 Kochi-Koottanad-Bengaluru-Mangalore 管道项目（KKBMPL），该管道能为印度南部工业提供便宜的清洁燃料，有助于该地区工业的振兴；四是天然气管道项目 Ennore-Thiruvallur-Bangalore-Nagapattinum-Madurai-Tuticorin（ETBNMTPL），该管道主要连接 Ennore 码头的 LNG 接收站与该区域的各个天然气需求中心。天然气管道网络的完善，有利于保证印度国内天然气的合理分配和充分供给。

### 3. 印度油气行业发展的挑战

印度油气行业当前面临四个主要问题。

第一，印度对石油进口的高度依赖，考验其承受市场外部风险的能力。与国内消费需求相比（517 万桶/天），印度国内原油产量严重不足（72 万桶/天），导致印度的石油对外依存度已高达 83%，且有进一步增加的可能。此外，印度石油可探明石油储量十分有限，根据 BP 的统计数据，截至 2018 年年底，印度的探明原油和凝析油探明储量约为 45 亿桶，按照当前 72 万桶/天的开采速度，预计可能维持 17 年的产量。进口依赖导致印度石油供给安全极易受到各种外部不确定性的影响。印度石油主要来源于中东地区，该地区自霍尔木兹海峡出口的石油有65%运往印度。近年来不断加剧的中东地缘政治不确定性，增加印度进口石油价格的波动，甚至可能有供应中断的风险。

第二，印度能源基础设施需要加强。印度石油储备主要以油气企业商业储备为主，官方石油战略储备严重不足。根据国际能源署（IEA）2020年年初统计，印度战略石油储备量仅能覆盖10天的石油净进口量，随着石油消费和进口量的进一步增加，印度政府需要进一步扩建石油战略储备，增加能源安全系数，以保证国内经济发展和社会生活秩序的稳定。IEA报告指出，印度当前需要切实推进第二阶段原油战略库存建设，并为以后的阶段做好规划。此外，IEA指出印度应当做好石油供应中断的应急措施，并制定相关政策以保证石油供应紧急状况下石油产品的公平分配。由于天然气在价格和环保等方面的优势，印度电力行业和化肥行业正在使用天然气替代石油产品，这将导致印度市场对天然气需求快速增长。由于印度天然气进口以LNG为主，因此可以预期对于LNG再气化产能的需求将上涨，天然气管网建设也亟须同步完善。

第三，石油市场化不足，难以激活国内产能。印度缓解石油安全问题的一个途径是增加国内石油产量。目前印度国内石油上游市场主要由国企控制，尽管印度政府多次修改勘探规则，鼓励外资进入石油上游勘探领域，但外国企业在印度的投资仍不够活跃，主要有三方面的原因：一是勘探规则仍有放宽空间，二是印度国内石油企业竞争力增强，三是近年来国际油价动荡导致整体投资环境不佳。

第四，印度推进跨境油气管道建设困难重重。印度石油进口主要来自中东地区，中东动乱将直接威胁印度国家能源安全。为应对该困境，印度政府积极推动"丁"字形油气输送走廊规划,包括西线的伊朗—巴基斯坦—印度(IPI)油气管道计划、北线的土库曼斯坦—阿富汗—巴基斯坦—印度(TAPI)油气管道计划以及东线的缅甸—孟加拉—印度(MBI)油气管道计划。但在实际推进中受到美国施压、地缘政治考量以及要价未达成一致等因素影响,各条线路规划落实难以推进。

**4. 印度油气行业发展的前景**

印度油气市场将进一步开放。在上游市场,印度政府已多次修改勘探规则,推动上游市场向私人部门和外资开放;在下游市场,印度政府正在准备改革国内燃料分配体系,这是印度政府推动下一波经济改革的一个重要部分。印度开放油气市场的主要条件是提出申请的油气企业参与印度国内油气上下游产业的基础设施建设投资。海合会成员国石油公司和一些国际石油巨头均有意进入印度燃料销售市场,主要原因在于印度油气需求具有巨大的增长潜力,印度市场越来越受到关注。印度拥有14亿人口,约占全球人口的20%,是世界上增长最快的主要经济体之一,它将对全球能源市场的未来至关重要。当前,印度一次能源消费仅占全球一次能源消费的5.8%左右,其中石油消费占全球的5.3%,天然气消费占全球的1.5%。① 据国际能源署预计,印度2020年中石油消费增长率将超过中国,BP的《2019年能源展望》中指出,到2040年印度将成为推动全球能源需求增长的主力,这使得投资印度炼厂极具市场吸引力。

印度正打造基于天然气的经济,逐步降低石油产业比重。印度目前天然气在整个能源结构中份额约为6%,远远低于全球天然气在能源结构中23.5%的占比。印度政府的目标是,到2030年天然气占印度能源结构的15%。为达到这一目标,印度

---

① 资料来源:*BP Statistical Review of World Energy 2020*。

政府正在从两个方面推动国内天然气经济的发展：一方面，加快印度天然气基础设施投资。印度石油和天然气部部长丹达拉·普拉丹表示，预计到2024年印度在精炼、管道、天然气终端行业将有1000亿美元的投资。国际能源署预计，印度可能在7年内新建11个液化天然气接收站。2020年6月5日，印度石油天然气监管委员会（PNGRB）宣布，印度将允许私人企业和国外企业建立液化天然气站。这一政策有利于全国范围内LNG分配基础设施建设，促进印度中型和重型车燃料的清洁、绿色和经济化发展。① 另一方面，推动天然气市场化定价。2020年6月15日，印度第一个天然气交易所—印度天然气交易所（IGX）正式启动。进口LNG通过交易所出售，减少市场信息不对称。买卖双方可以通过交易所签订长、短期的交易合同，使天然气交易具有更大的灵活性。尽管目前该交易所定价只针对进口天然气，国产天然气价格仍然由政府制定，但市场化的推进将有利于推动国内天然气价格改革。

印度油气部门还规划发展可再生能源，减少对化石能源的依赖。印度最大的国有油企印度石油公司计划在未来几年内投资2.5万卢比（约合35亿美元），用于建立风能、太阳能和生物燃料工厂。同时，印度石油公司也在推进清洁能源的终端建设。印度石油公司为加油站业主提供50%的财政补贴，以鼓励加油站建立太阳能发电系统。目前，约有2000个加油站安装了太阳能发电系统。此外，印度石油公司正在进行天然气掺氢燃料技术的研发和推广。天然气掺氢燃料已在新德里交通系统中进行小范围试运行，并计划在全国范围内推广，以期加快推进氢能源的使用，实现汽车排放量标准大幅改进。

---

① 据印度最大的LNG基础设施公司PLL估算，与原油燃料相比，LNG有可能将运输的燃料费用减少约25%，使印度的进口费用减少30%—40%。

## （三）中印油气行业转型比较

在油气行业现状上，中印两国都存在石油和天然气国内需求量大、国内油气产量严重供不应求、油气对外依存度高等问题（见表2.1）。第一，尽管相较于印度，中国国内拥有较为丰富的油气资源，但开采难度大，开采的经济性面临挑战。2019年，中国和印度石油进口量分别占全球石油贸易总量的16.7%和7.6%，石油净进口量分别占国内石油消费的79.7%和84.9%。中国是全球第三大天然气消费国，占全球总消费的7.8%。印度当前天然气消费占全球的1.5%，显示出强劲的增长预期。第二，作为石油净进口大国，中印两国石油进口来源地高度重叠，且石油进口受地缘政治风险影响程度高。如图2.5所示，中印原油进口前五大来源国中，绝大部分为中东地区产油国。2019年，中国和印度分别从沙特、伊拉克、科威特、阿联酋等中东国家累计进口原油量约占国内总进口量的34%和60%。因此，中印两国都致力于发展国内油气资源的开发以及多元化尤其进口来源，以保证油气安全。第三，中国和印度的油气产业都主要是由国有企业主导，缺乏市场竞争。为了鼓励和促进国内油气产业的发展，中国和印度分别采取了政策措施，放宽油气行业的准入条件，吸引民营部门和外国投资，并建立和完善国内油气交易平台，推进油气产业的市场化发展。

表2.1　　　　2019年中印石油、天然气生产和消费

| | 中国 | 印度 |
| --- | --- | --- |
| 石油占一次能源消费比重（%） | 19.70 | 30.06 |
| 石油已探明储量（十亿桶） | 26.2（1.5%*） | 4.7（0.3%*） |
| 产量（千桶/天） | 3836 | 826 |
| 消费（千桶/天） | 14056 | 5271 |

续表

|  | 中国 | 印度 |
|---|---|---|
| 进口（千桶/天） | 11825 | 5379 |
| 炼油产能（千桶/天） | 16199 | 5008 |
| 天然气占一次能源消费比重（%） | 7.81 | 6.31 |
| 天然气已探明储量（万亿方） | 8.4（4.2%*） | 1.3（0.7%*） |
| 产量（十亿方） | 177.6 | 26.9 |
| 消费量（十亿方） | 307.3 | 59.7 |
| 进口 LNG（十亿方） | 84.8 | 32.9 |
| 管道气（十亿方） | 47.7 | — |

注：* 指百分数为国内石油/天然气已探明储量占全球总储量的比重。

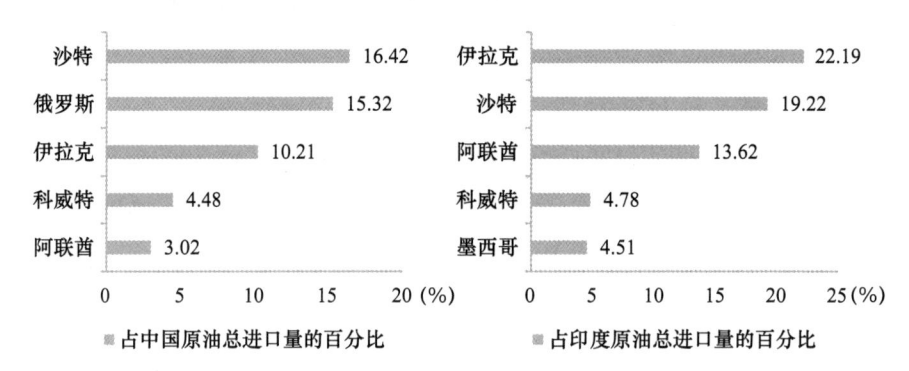

占中国原油总进口量的百分比：
- 沙特 16.42
- 俄罗斯 15.32
- 伊拉克 10.21
- 科威特 4.48
- 阿联酋 3.02

占印度原油总进口量的百分比：
- 伊拉克 22.19
- 沙特 19.22
- 阿联酋 13.62
- 科威特 4.78
- 墨西哥 4.51

图 2.5　2019 年中国和印度原油进口前五大来源国

资料来源：*BP Statistical Review of World Energy 2020*。

在油气产业发展趋势上，能源安全和能源转型是中印能源发展的重要方向。在能源安全方面，中国和印度为了保障国内石油和天然气安全，将持续完善油气管网建设和运营机制、扩大国内油气储备容量、深化市场化改革、拓展海外油气市场。在能源转型方面，由于中国和印度都面临污染治理和能源转型的目标，因此能源政策都鼓励天然气和非化石燃料等清洁能源的发展。发展可再生能源是一个长期过程，天然气在中国和印度这两个能源消耗大国的能源转型过程中将持续发挥重要的过渡能源作用，中国和印度的天然气产业将迎来快速的发展。与此同时，中国和印度的油气企业，尤其是资金雄厚的大型油气企业，将越来越深入地布局可再生能源领域，通过将企业优势与可再生能源发展相结合的方式，促进国内可再生能源发展，在推动能源脱碳和确保能源可靠供应中扮演重要角色。

鉴于中印在油气需求、消费和进口等方面显示出类似的趋势，两国在寻求海外油气资源方面存在竞争。竞争关系减弱了油气买方的议价能力，中东对出口到亚洲的石油存在"亚洲溢价"就是竞争所带来的负面影响的体现。此外，中印在海外的油气竞购也提高了购买海外油气资产的成本。例如，2005年中印竞购哈萨克斯坦第三大商业石油公司，中国以付出额外的援助成本为代价获得标的。

为避免竞争带来的负面影响，中国和印度在积极寻求获取海外油气资源的合作方案。2018年，在国际能源论坛（International Energy Forum）上首次出现了中国、印度、日本和韩国等亚洲买油国合作成立"买家俱乐部"的概念。类似于"卖家俱乐部"欧佩克在控制油价方面的优势，买家俱乐部的建立预计将有利于中国和印度提高对欧佩克的议价能力。合作共赢是未来能源时代重要特征。在2020年的油价大崩盘后，出现了产油国历史性的减产合作，"欧佩克+"队伍进一步壮大。作为全球最大油气买方的中国和印度，以合作替代竞争，有利于应对全球油气行业的重大变革。

尽管当前中印在海外油气资产联合竞购方面取得了进展，但中国和印度之间的能源合作面临着许多制约因素。一方面，能源合作的中印双方并非势均力敌，在关系到能源安全的交易中，具有明显劣势的一方将可能出局。另一方面，政治互信不足是中印能源合作的重要阻碍。中国"一带一路"倡议的能源战略引发了印度对能源安全的担忧。中国影响力的提升，影响了印度在地区的主导地位，加深了印度对中国的防备心理。此外，中印之间存在的一些政治分歧也影响双边合作关系的形成。

# 三 中国和印度煤炭行业转型*

煤炭在未来能源系统中的作用将取决于能源安全、能源公平和环境可持续性等优先事项的平衡。煤炭是中国和印度最重要的化石能源，在两国的能源结构中发挥着举足轻重的作用，对全球煤炭产业发展也影响巨大。在当前大多数国家纷纷减少煤炭生产和消费的同时，中国和印度的煤炭产业未来如何发展，对全球能源转型至关重要。

## （一）中印煤炭行业发展现状

### 1. 中印已成为全球煤炭产业的中心

在全球能源转型的大趋势下，煤炭产业发展逐步放缓，中国和印度在全球煤炭产业的地位日益凸显。目前，中国和印度在全球煤炭的生产、消费和贸易中，均列全球前两位，全球煤炭市场正在从以前的中国、美国、印度"三国演义"向中国和印度"二人转"转变。2018年，中国和印度的煤炭产量分别是18.29亿吨和3.08亿吨油当量，合计占当年全球煤炭产量的54.6%；煤炭消费量分别是19.07亿吨和4.52亿吨油当量，合计占全球消费的62.5%；煤炭贸易量分别是1.47亿吨和1.42亿吨油当量，合计占全球煤炭贸易的33.6%（见图3.1）。由于

---

\* 本部分作者魏蔚，中国社会科学院世界经济与政治研究所副研究员。

受页岩革命的影响,美国页岩气产量大幅飙升,价格一直维持低位,迫使煤炭生产和消费逐年降低。美国煤炭消费占其能源消费的15%,在电力中占30%,美国90%的煤炭消费用于发电。2008年美国煤炭产量11.72亿短吨,消费11.2亿短吨,达到近期的新高。此后一直处于下降过程中,到2019年美国煤炭产量只有7.0亿短吨,消费只有5.87亿短吨。2016年,印度取代美国成为世界第二大电煤生产国,仅次于第一的中国。① 中国和印度已经成为当前全球煤炭生产和消费的主力。

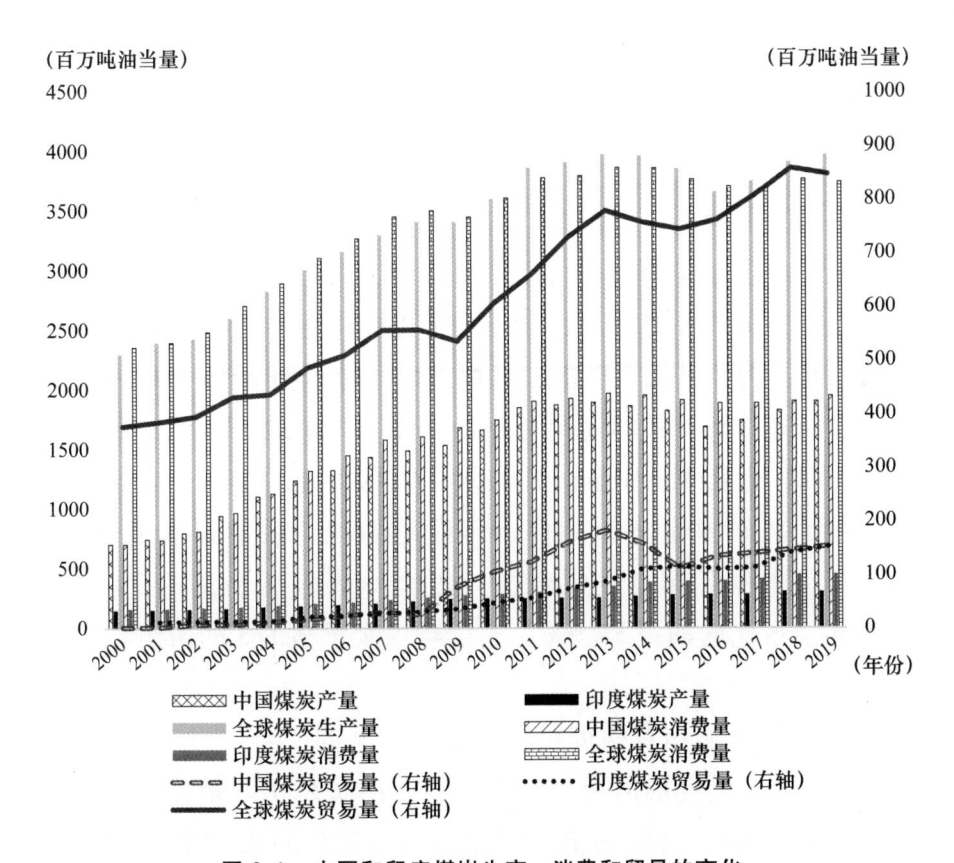

图 3.1 中国和印度煤炭生产、消费和贸易的变化

资料来源:*BP Statistical Review of World Energy 2019*。

---

① "Coal In India 2019", Australian Government Department of Industry, Science and Resources, August 1, 2019, http://www.industry.gov.au/oce.

2003年之前，印度电煤几乎可以自给自足，但随后快速增长的消费使煤炭需求大增，印度国内煤炭产量无法满足需求以及基础设施的落后，使电力和工业部门不得不转向国际煤炭市场。从2004年开始，印度煤炭进口激增，到2013年，印度取代日本成为世界第二大电煤进口国，并日益成为推动国际电煤市场主要力量之一。2013年以后，印度政府努力提高煤炭产量，加之工业生产增长放缓（影响了电力需求），印度的煤炭进口略有下降。2017开始，随着电力需求反弹，印度电煤进口也开始反弹，目前，印度电煤的20%来自进口。2011年以来，印度煤炭每年都没有达到其生产目标，实现电煤的自给自足尚需时日。印度电煤进口主要来自印度尼西亚，此外，还从美国、澳大利亚、南非、哥伦比亚和俄罗斯进口较少数量的电煤。

中国的煤炭进口与印度类似，都是2003年前后，由于国内的经济增长对煤炭需求大增而开始大幅增加煤炭的进口。2013年以后，煤炭的黄金十年结束，中国经济也随之由数量型转向高质量发展，煤炭行业开始去产能，煤炭进口下降。但2016年以后，中国的煤炭进口几乎和印度同时开始反弹，占全球煤炭贸易的比重持续增加。近几年，中国进口煤炭一直保持在3亿吨左右，煤炭进口主要来源国是澳大利亚、印度尼西亚、俄罗斯和蒙古国。2001年，中国和印度的煤炭进口占全球煤炭贸易的3.3%；到2018年，占比增加到33.6%，占全球煤炭贸易1/3的份额。

### 2. 中印煤炭消费极度相似，但目的不同

虽然中国的能源消费与印度的能源消费总量差距很大，但从能源消费的结构上看，中国和印度具有非常高的相似性。BP的数据显示，2019年，中国与印度的煤炭消费占一次能源的比重分别为57.6%和54.7%，石油占比分别为19.9%和30.1%，天然气为7.4%和6.2%，水电为8.0%和4.2%，非水可再生为4.7%和3.5%，核能为2.2%和1.2%。中印两国的能源消费结构都以煤

炭为主，中国的水电比重较高而印度的石油消费比重较高，两国在天然气、核能等方面的消费比重非常接近（见图3.2）。

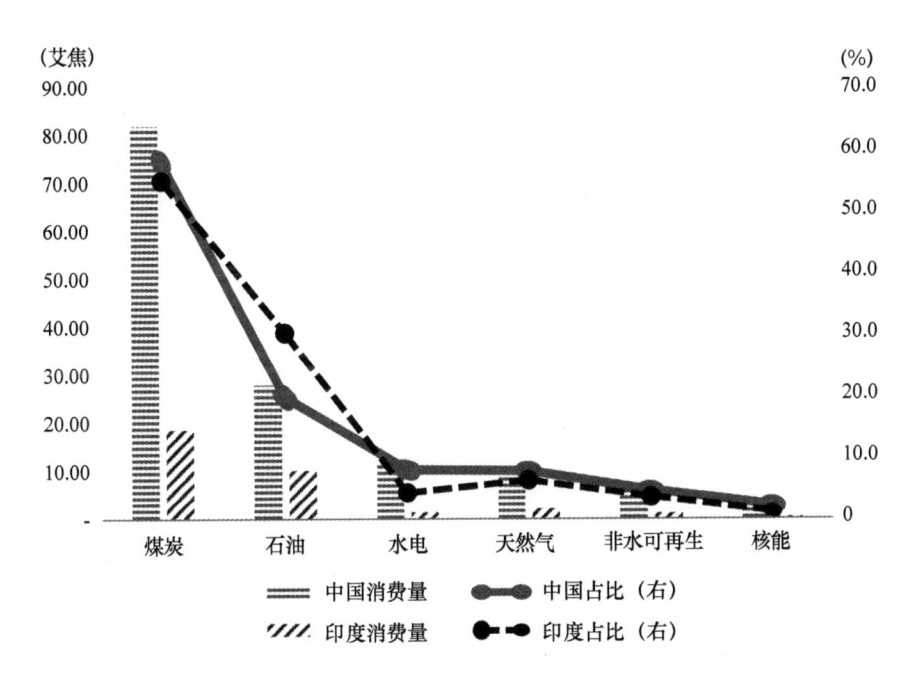

**图3.2 2019年中国和印度的一次能源消费及所占比重比较**

资料来源：*BP Statistical Review of World Energy 2020*。

煤电是两国煤炭消费的主要领域。中国约有50%的煤炭消费用于发电，印度用于发电的煤炭消费接近70%。截至2020年年初，中国的煤电装机容量占全部电力装机容量的54.2%，印度煤电装机容量占全部电力装机容量的53.6%，占比依然具有高度的相似性。印度的天然气发电装机容量比中国高1.9%，水电和核电装机容量占比都是中国高于印度，印度的可再生能源装机容量占比高于中国（见表3.1），主要由于中国的可再生电力装机容量数据只包括风电和太阳能光伏数据，加之中国的装机容量绝对数量远大于印度，占比可能受到影响。但考虑到中印对可再生能源高度重视，未来两国的可再生能源占比仍会增加。

表 3.1　　　　　中国和印度电力生产装机容量比较

（截至 2020 年 3 月 31 日）

| 燃料 | 中国 | | 印度 | |
| --- | --- | --- | --- | --- |
| | 装机容量（兆瓦） | 占总量的百分比（%） | 装机容量（兆瓦） | 占总量的百分比（%） |
| 火电 | 1190000 | 62.0 | 230600 | 62.3 |
| 煤 | 1040000 | 54.2 | 198525 | 53.6 |
| 褐煤 | — | — | 6601 | 1.7 |
| 天然气 | 91710 | 4.8 | 24937 | 6.7 |
| 柴油 | — | — | 510 | 0.1 |
| 水电（可再生） | 310000 | 16.2 | 45699 | 12.4 |
| 核电 | 48770 | 2.5 | 6780 | 1.8 |
| 可再生能源* | 360000 | 18.8 | 87028 | 23.5 |
| 总计 | 1920000 | — | 370106 | — |

注：*印度的可再生能源包括小型水电、生物质气化炉、生物质能发电、城市和工业废物发电、太阳能和风能。中国可再生能源数据仅包括风能和太阳能。截至 2019 年上半年，中国生物质能发电装机容量约 19950 兆瓦。

资料来源：根据中国电力企业联合会和印度中央电力局公报数据整理。

鉴于中国已经消除了电力贫困，实现了电力人口的全覆盖，中国电力生产的未来是清洁化发展，减少煤电数量，增加可再生能源比例。但印度还要兼顾解决国内的电力贫困问题。根据国际能源署的数据，2017 年，印度仍有 1.68 亿人（约占人口的 12.5%）没有电力供应，与发达经济体和其他新兴经济体相比，印度人均用电量仍然很低。自 2014 年全国选举以来，印度政府将电力供应作为一项关键的政策优先事项。印度政府于 2017 年 9 月启动了 Saubhagya 计划，旨在提供免费或低成本的电力。2018 年 4 月，印度政府宣布已经实现了向印度每个村庄提供电力的目标。印度煤电将转向为所有家庭提供电力供应，目标是到 2022 年实现电力普及。

印度的发电能力在过去十年中翻了一番多，扩大主要是由燃煤发电驱动,其间煤炭发电能力增加了 123 吉瓦,而可再生能源(不包括大规模水力发电)增加了 64 吉瓦。如果印度要减少煤炭消费,那么就需要印度在计划寿命结束前过早关闭煤炭发电站,并迅速解决这些关闭将带来的电网稳定方面的巨大挑战。可以预见,未来几十年,电煤仍然是印度能源的重要组成部分。

### 3. 中印两国的煤电在建面临消减

在过去的几十年中,中国和印度对新的燃煤发电进行了大量投资,以应对电力消费的快速增长和能源供应的短缺。2006 年,中国新增煤电装机容量 77769 兆瓦,印度为 2357 兆瓦,二者占全球新建煤电装机容量的 91.7%;到 2019 年,中国的煤电装机容量减少到 43840 兆瓦,印度的煤电装机容量也从 2015 年最高的 21130 兆瓦减少到 2019 年的 8135 兆瓦,二者占全球的比重减少到 76.1%(见图 3.3)。

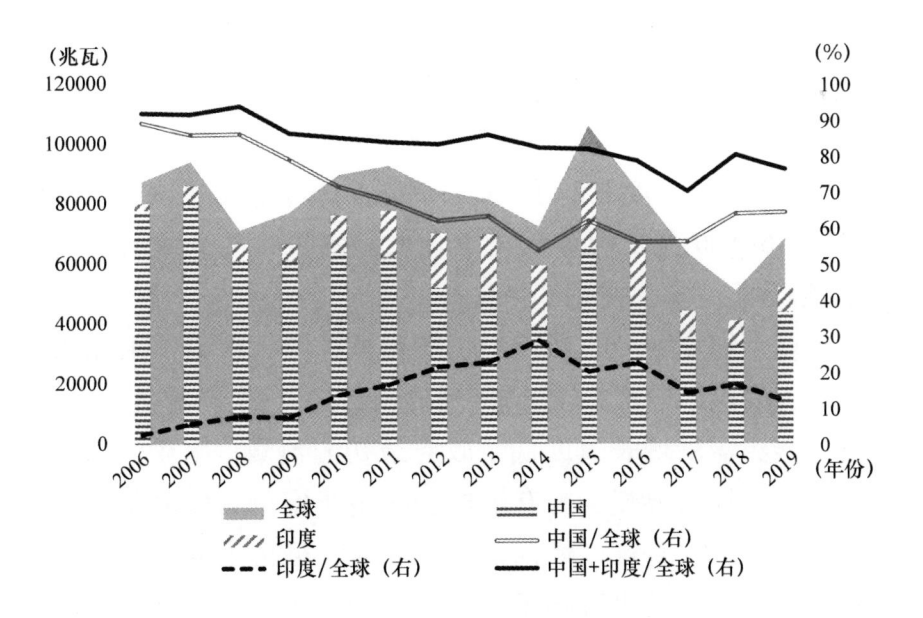

**图 3.3 中国印度及全球煤电新增装机容量变化**

资料来源:根据 https://endcoal.org/global-coal-plant-tracker/ 数据整理。

21世纪以来，印度燃煤发电的增长速度加快，装机容量仅在六年内就翻了一番多。但自2012年以来，印度发电能力的增长速度急剧下降。2018年，只增加了5.7吉瓦的燃煤发电能力，这是十多年来最低的增速。急剧下降的原因是投资放缓和越来越多的燃煤发电项目被取消，被取消的总容量达到近300吉瓦。截至2019年3月，由于电力供应过剩和现有燃煤电力容量利用率不足，导致印度取消的煤电项目大幅增加。过去十年来，燃煤发电厂的利用率也只维持在60%左右的低水平。

中国的煤电装机容量在2007年达到80616兆瓦的峰值，此后处于下降过程中。截至目前，煤炭行业累计关闭退出落后产能近9亿吨，全国煤炭平均单井能力提高到100万吨以上。过剩产能的有效化解，使煤炭生产结构不断优化，同时，在节能减排的硬性要求下，中国也取消或者搁置了在建的煤电项目。2019年，印度在建煤电项目36698兆瓦，中国在建煤电项目99710兆瓦，共占全球煤电建设项目的68.4%。印度运行的煤电项目228964兆瓦，中国运行的煤电项目1004948兆瓦，中印占全球运行煤电项目的60.3%。从2010年到2019年，印度取消了537757兆瓦的煤电在建项目，中国取消了568500兆瓦的煤电装机容量，中印共占全球取消在建煤电项目的73%（见图3.4）。

印度燃煤发电厂的利用率仍然很低，因为电力需求比预期的要弱，发电厂一直难以出售它们从现有工厂生产的所有电力。印度的能源需求增长速度低于政府最初的预测，工业活动增长速度也比预期的要慢。国有配电公司由于定价、盗电及大量债务等问题，也一直难以增加购买。同时，可再生能源的增加以及能源效率的提高也影响了印度的电力需求。但由于印度的大部分装机容量相对较新，现有的电厂平均还有剩下20年左右的运行寿命，退役数量相对较少（见图3.5）。即使新增加产能的前景黯淡，印度煤炭消费预计在短期内仍将继续增长。

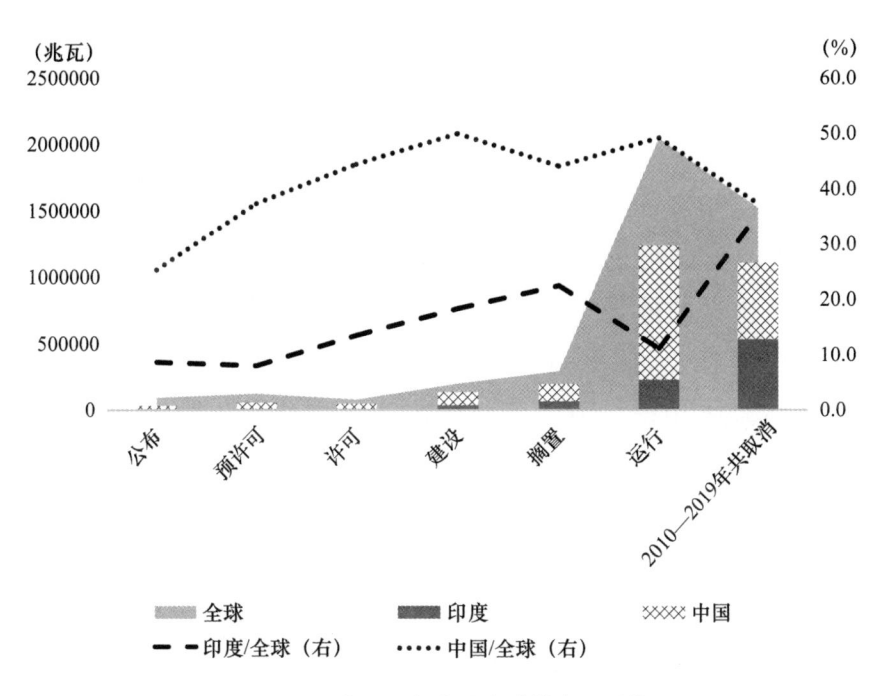

图 3.4　中国、印度及全球煤电厂现状

资料来源：根据 https：//endcoal.org/global-coal-plant-tracker/数据整理。

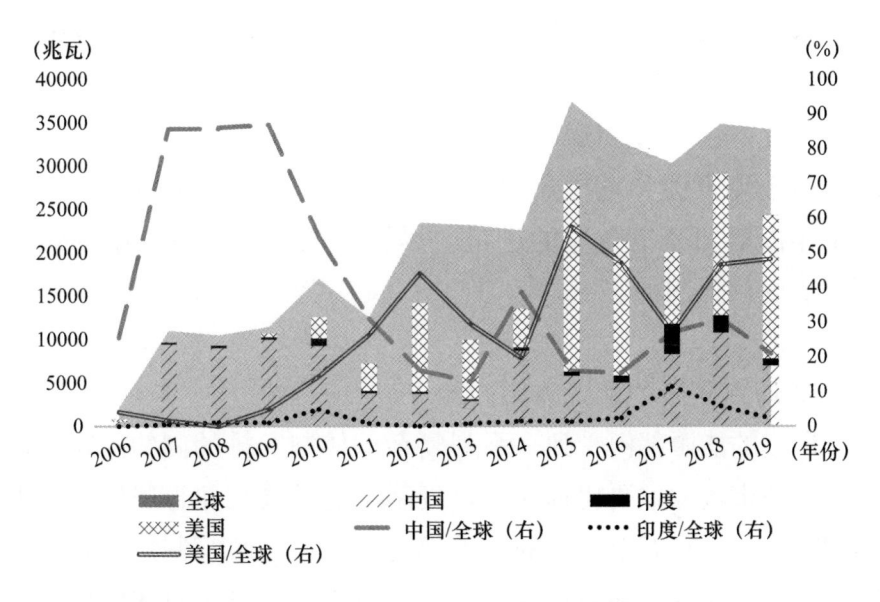

图 3.5　2006—2019 年中国、美国、印度退役煤电装机容量

资料来源：根据 https：//endcoal.org/global-coal-plant-tracker/数据整理。

## （二）印度煤炭发展的挑战

经济发展和人口增长的双重压力将推动印度未来的能源需求。印度政府的目标是实现电煤的自给自足，但实现这一目标面临着相当大的障碍。印度是世界第二大电煤生产国，生产主要集中在国有公司——印度煤炭有限公司，印度煤炭有雄心勃勃的目标，到2025—2026年将国内煤炭产量提高到10亿吨。虽然印度在过去几年里促进了电煤生产的增长，但它仍然远远低于实现这一目标所需的生产水平。印度的煤炭产量预计会增长，增速可能会低于政府的目标。

2014年11月，印度能源部部长曾宣布将在两三年内停止进口电煤，使印度的电煤进口在2014年达到峰值后有所回落。但由于需求增长，2018年印度的电煤进口又恢复到接近以前的水平。印度的冶金煤需求和进口也在增加，从印度冶金煤的发展来看，其前景不像电煤那么充满不确定性。2017年，印度颁布国家钢铁政策，要求到2030年印度钢铁生产能力达到3亿吨，其他工业部门也使用煤炭，包括水泥工业和砖制造业等。印度国内冶金煤资源和勘探进展甚微。因此，印度可能需要在未来几十年内增加其冶金煤的进口。尽管需求巨大，但印度的煤炭发展也受到体制的影响。

**1. 印度复杂的能源体制制约**

印度的能源部门受到一系列复杂的体制安排的制约。印度政府是能源市场的主要代理人，负责制定能源政策并管理生产能源的国有公司。有五个主要的政府部门直接参与政策制定，并负责能源供应，这五个部委包括能源部、煤炭部、新能源和可再生能源部、石油和天然气部、原子能部。这些部门在国有企业以及法定机构和研究机构中拥有股份。印度国家转型研究所（Niti），也称为 NitiAayog，是印度政府的首要政策智囊团，它为印度政府设计战略、长期政策和方案，并提供技术咨询。

印度的电力部门可分为监管机构、发电、输电和配电几个层面。中央和地方政府在电力部门中都发挥着重要作用，履行印度宪法赋予的责任。中央政府负责电力部门的规划和政策制定，并负责项目的批准、监测和执行。中央电力局（CEA）是电力部监督的法定机构，负责电力部门的短期和长期政策规划和协调，作为政府的建议机构。印度地方政府在电力部门也发挥着重要作用，国有公用事业控制着输电和配电网络的很大一部分。地方政府则负责电网的日常运行和维护。

印度中央电力监管委员会（CERC），作为在印度电力部门监管中发挥核心作用的法定机构，负责设定由中央政府控制的发电公司和向多个地方供电的独立电力生产商收取的赋税，国家电力监管委员会（SERCs）则负责制定国有公用事业公司的定价政策和征收的关税。

印度的发电部门一直由国有的公用事业部门主导，但私人公用事业的作用在逐步增强。截至 2019 年 6 月，政府拥有的公用事业占印度装机容量的 54%（29% 由地方政府控制，25% 由中央政府控制），私人公用事业占装机容量的 46%。政府拥有的公用事业主导了火电（煤炭和天然气），私人投资者则占可再生能源发电的绝大多数。此外，印度还有一些企业自备的发电厂（CPPS）。

尽管对私营部门开放，但印度的输电和配电也主要由国有企业主导。国家配电公司一般通过长达 25 年的长期电力购买协议（PPAS），从公共和私人发电机购买电力，出售给最终消费者。比如在 2017 财政年度，印度 90% 的电力是在 PPAS 上出售的，6% 是通过双边合同出售的，只有 4% 是通过竞争性批发市场和电力交易所出售的。但近年来，由于分销公司面临越来越大的亏损，难以吸引私人投资进入。

印度的电网由北部、东部、南部、西部和东北部五个区域电网组成。目前，印度电网公司（PowerGrid）正在组建国家电网，协调这些区域电网的整合和运行，以提高输电部门的可靠性、稳定性和安全性。2019年7月，印度财政部部长重申了政府对电力部门"一个国家，一个电网"模式的承诺。这一模式的最终完成，还需要印度政府和各个利益相关者的进一步深入沟通。

### 2. 印度煤炭、电力部门面临的挑战

印度煤炭部门继续面临重大挑战，虽然改革已经朝着积极的方向迈进，但变革的步伐仍然缓慢。印度复杂的官僚主义、社会经济问题和财政拮据的电力部门都对煤炭生产产生了负面影响。生产许可和土地获批仍然是影响产量增长的主要因素，其他问题诸如生产力、竞争、投资、运输和国内定价计划则进一步加剧了挑战。印度政府将需要继续进行改革和政策改革，以解决煤炭产量增长存在的障碍。

电力部门占印度煤炭消费的70%以上，印度在其电力部门也面临一系列挑战，包括低效的国有发电厂、发电能力过剩、输电瓶颈、配电公司的财政压力（由于输电和配电损失以及电力定价过低）和扭曲补贴。这些挑战极大地影响了印度能源投资的速度、规模和性质。

第一，低效的国有发电公司。印度电力部门的一个关键挑战是国有发电公司的效率低下，这些公司在印度的发电组合中占有很大份额。这种低效率的一个关键驱动因素是印度电力市场缺乏竞争，降低了发电厂控制成本的动机。印度的绝大多数电力是在长期的电力购买协议（PPAS）下出售的，通过批发市场和电力交易所出售的电力很少。此外，寻求进入市场的私人发电厂进入的障碍很大。例如，地方政府对从国有公用事业以外的购买电力的消费者征收额外费用。

第二，发电产能过剩。尽管印度电力部门缺乏竞争，但许多燃煤发电厂面临着财政压力。近年来，发电能力的增长速度

快于电力需求，主要是由于燃煤发电的扩大，这种扩张导致了热能（煤、煤气等）产能过剩。① 可再生能源发电的增长进一步增加了对煤炭发电的压力，降低了它们的利用率和盈利能力。印度的可再生能源在印度具有事实上的"必须运行"地位，这使得可再生能源传输系统存在很大的压力。虽然输电限制已经缓解，但由于电网拥堵，每年都会损失大量电力。据世界银行（WorldBank）的数据，如果不是因为输电拥堵，2017财年的电力传输量可能会增加近4%。②

第三，分销公司的财务压力。印度的电力分配公司也面临着巨大的财政压力。传输和分配损耗是一个关键因素。在2016财政年度，电力盗窃、基础设施差、设备过时和计量错误导致印度输电和配电损失超过1/5，远远高于世界其他地方。印度政府发起了几项旨在减少输电和配电过程中电力损失的改革，包括重组的加速电力发展和改革计划（R-ADRP）和综合电力计划（IPDS）。

中央和地方电力委员会对电力的定价过低也导致了配电公司的财务状况不良。印度对最终用户的电费实行管制，平均低于许多邦的供应成本。因此，许多配电公司在供电上亏损。中央和邦政府都为配电公司提供财政支持，以弥补低费率供电的损失。然而，政府补贴并不总是按时支付，有时甚至低于分销公司的预订金额，这加剧了他们的财务问题。

在零售层面，印度政府通过使商业和工业客户支付更高的费率来资助家庭用户和农民（他们是电价监管的主要受益者）

---

① "Transition of the Energy Sector in India: Creating a Vision for the Future", KPMG, November 2017, https://assets.kpmg.com/content/dam/kpmg/in/pdf/2017/11/Transition-of-the-energy-sector-in-India.pdf.

② Fan Zhang, "In the Dark: How Much Do Power Sector Distortions Cost South Asia?", The World Bank, South Asia Development Forum, 2019, https://openknowledge.worldbank.org/bitstream/handle/10986/30923/9781464811548.pdf.

的低电价。补贴的使用在市场上造成扭曲，人为的低电价无法使消费者提高能源效率或改变他们的电力使用习惯。然而，由于提高电价的重大社会、经济和政治挑战，定价改革非常困难。总之，印度发电系统的多个部门都存在扭曲现象，这些扭曲对印度的煤炭行业产生了深远的影响。

## （三）中国煤炭的去产能与煤电改革

煤炭不仅是中国的主要燃料，也是重要的工业原料，在中国的能源生产和消费结构中居于主导地位，有力地支撑了国民经济的平稳较快发展。[①] 中国能源赋存的特点是"富煤、贫油、少气"，原油和天然气均需大量进口，因此，煤炭是中国能源安全的重要保障。中国经济高速增长曾经带动煤炭需求的大量增加，造就了2002—2012年煤炭产业"黄金十年"的繁荣景象。然而，随着中国经济增速放缓，2012年下半年以后，煤炭产业出现"量价齐跌"的局面。[②] 煤炭产业高速增长过程中所积累的问题如吸引进来的大量投资所导致的产能过剩、产业集中度低、行业利润下滑等一系列问题变得更加突出。在煤炭价格下行压力不减、国家调控力度加大的双重压力下，促使煤炭产业加速转型。

中国因环境治理而采取的能源结构转型战略又进一步挤压了煤炭需求，煤炭企业绩效不容乐观。2016年年初，中国针对煤炭行业的产能过剩问题出台了一系列相关政策，如《国务院关于煤炭行业化解过剩产能实现脱困发展的意见》《关于进一步

---

① 《中国煤炭工业协会召开2013年度中国煤炭工业改革发展情况通报会》，2014年1月15日，http://www.coalchina.org.cn/detail/14/01/16/00000012/content.html。

② 王云等：《中国煤炭产业生命周期模型构建与发展阶段判定》，《资源科学》2015年第10期。

规范和改善煤炭生产经营秩序的通知》等。2016年12月，国家发改委与国家能源局印发《能源生产和消费革命战略（2016—2030）》，要求推动化石能源清洁化，使煤炭消费比重进一步降低，推进煤炭转型发展。在市场化方面，从2002年开始，除电煤外其他重点用煤行业与煤炭企业之间已不再进行统配，由供需双方自行协商解决，煤炭市场价格进入市场化交易阶段，煤炭价格开始逐步反映煤炭真实的供需情况。①

煤炭去产能任务越往后推进难度越大。煤炭行业集中度偏低、落后产能多的特点决定了去产能总量任务完成后，下一步去产能应逐步向结构性去产能、结构性优产能，维护市场供需平衡方向转变。2016年以后，中国的原煤产量呈波动态势，2013年原煤产量为39.74亿吨，而到2016年跌至34.11亿吨，下跌了14.17%，但是到2019年，原煤产量上涨到了38.5亿吨。从煤炭需求的中长期趋势来看，由于电力在能源消费占比的提升，电煤需求大概率将好于煤炭整体需求。由于2019年受到水电的冲击，火电发电量增速大幅回落，电煤需求大幅下滑，带动煤炭整体需求回落。

2020年，中国进一步促进清洁能源发展和消纳，积极推进陆上风电和光伏发电平价上网，2021年实现陆上风电全面平价；推进沿海核电项目建设，推动电力系统源网荷储协调发展，下大力气解决好新疆、甘肃、四川等地区的清洁能源消纳问题。随着这些问题的解决，煤炭和煤电的作用会逐步弱化。

从电力行业规制改革来看，虽然解决了诸多问题，但是依然暴露出许多体制的缺陷。其一是中国电力行业规制改革滞后，引入竞争的范围和程度十分有限，缺少相关的法律法规。其二是电价规制一直延续政府定价模式，没有科学的定价方式，电

---

① 刘畅、王旭冉：《中国煤炭价格波动与去产能政策的选择》，《西安交通大学学报》（社会科学版）2020年第3期。

价不能弥补环境成本，没有办法应对供求不平衡的问题。① 未来在能源结构的调整和能源转型的推进过程中，燃煤发电在电力系统中的定位将从基荷电源转为基荷电源和调节电源相结合的模式，煤电在电力系统中发挥的调节作用，也需有相应的价格机制保障应有的市场收益。中国从 2020 年 1 月 1 日起取消实施了 15 年煤电价格联动机制，将现行标杆上网电价机制，改为"基准价 + 上下浮动"的市场化定价机制，市场化改革将对占中国全部发电量 65% 的燃煤发电具有重大的影响，未来煤电机组灵活性改造可能会成为煤电发展的新方向。作为一个发展中国家，中国的电力行业规制改革的路程还相当遥远。

## （四）中国和印度煤炭发展的趋势及前景

中国和印度的煤炭发展都面临着巨大的压力，中国是在煤炭满足电力及钢铁、化工、建材等主要行业基本需求后，进一步去产能，稳步提高产业集中度和技术水平。在气候变化和清洁生产背景下，中国经济转入高质量发展，可再生能源及核电发展迅猛，未来煤炭的发展空间逐步萎缩。印度煤炭产业也面临着同样的压力，与中国不同的是，印度正在经历快速的经济和人口增长，从而增加了对能源的需求，温室气体排放量的增长速度比其他主要国家都快，但人均排放量仍然很低，印度还要减少国内 1.68 亿人的缺电问题，获得可靠能源仍然是一个关键挑战。

第一，中国和印度对煤炭的需求仍然强劲。根据国际能源署（IEA）的最新预测，② 煤炭仍然推动印度经济的强劲增长。印度的目标是到 2024 年 GDP 达到 5 万亿美元，为了完成这一目

---

① 王丰：《中国电力行业规制改革历程》，《中国集体经济》2019 年第 23 期。

② "Coal 2019: Analysis and Forecast to 2024", IEA, https://www.iea.org/reports/coal-2019.

标，印度已经对基础设施进行了大量投资，这将促进工业的能源需求。近年来，在印度快速扩张的钢铁部门的推动下，冶金煤消费逐步增长，印度的电力需求会大幅增加，印度的人均用电量很低，仍然具有很大的增长空间。未来印度的可再生能源发电也将迅速增加，IEA预计，2018年至2024年风力发电将增加一倍，太阳能光伏发电将增加4倍。尽管如此，从目前到2024年，印度的煤炭需求仍然会快速增长，煤电发电量年均增长可以达到4.6%。

IEA同时认为，中国是世界上最大的煤炭生产国和消费国，煤炭消费将在2022年前后达到高峰，但中国的煤炭需求弹性很大。虽然减少空气污染和二氧化碳排放将是中国的政策重点，但煤炭预计将继续在维持经济增长和保障能源安全方面发挥重要作用。在过去几年中国煤炭去产能的情况下，煤炭产量逐步减少，但由于电力消费和基础设施建设的强劲表现增加了煤炭消费量，使煤炭的产量又逐步回升。IEA预计，由于空气污染问题，住宅和小型工业部门的煤炭使用量持续下降。在未来几年中，由于经济结构变化和宏观经济状况的驱动，重工业中的煤炭用量也有所下降。尽管发电速度正在放缓，但煤炭发电量仍将增长，煤电占发电量的份额将从2018年的67%下降到2024年的59%。总体而言，中国的煤炭需求到2022年将达到平稳状态，然后开始缓慢下降。

第二，应对气候变化将对中印煤炭发展产生重要影响。电力清洁化是两国共同的选择，对煤炭产业影响较大。根据《巴黎协议》的自愿目标，印度国家确定的贡献包括到2030年将其国内生产总值的排放强度从2005年的水平降低33%—35%的目标。印度可以通过减少单位GDP的能源使用量或减少其使用能源的碳含量来实现这一目标。然而，目标的性质意味着，即使达到目标，碳排放量也可能继续上升。印度将致力于到2030年将非化石燃料在电力组合中的份额提高到40%以上。印度中央电力管理局（CEA）于2018年1月公布了印度最新的国家电力计划,在未来十年大规模扩大发电能力,并由可再生能源发电(不包括大规模水力发电)主导。从短期来看,印度已经设定了到2022年175吉瓦的可再生能源装机容量的目标(不包括大规模水力发电),其中太阳能100吉瓦、风力60吉瓦、生物质10吉瓦和小规模水力发电5吉瓦。[①] 从长期来看,印度的电煤消费很大程度上取决于其他能源的发展前景,特别是可再生能源的扩张速度。印度已经为自己设定了雄心勃勃的可再生能源目标,到2028年可再生能源装机容量达到500吉瓦(不包括大规模水力发电),远高于2019年年中的87吉瓦。为了实现可再生能源的目标,印度需要克服技术、政治和经济方面面临的重大挑战。

鉴于印度的经济发展和减少缺电人口的目标,未来印度燃煤发电能力仍会扩大。燃煤发电能力的扩大预计将由已在建设的装机容量和通过新项目增加的装机容量共同推动,这将抵消煤电厂的退役所带来的影响。印度国家电力计划指出,除了正在建设的能力外,2021—2022年之前不需要额外的燃煤能力,新增产能预计将在2026—2027年期间能够并网发电(见表3.2)。

表3.2　　印度规划的未来电力装机容量及占比变化

|  | 2019年(吉瓦) | 2021—2022年(吉瓦) | 2026—2027年(吉瓦) | 2019年(%) | 2021—2022年(%) | 2026—2027年(%) |
| --- | --- | --- | --- | --- | --- | --- |
| 煤炭 | 230 | 217 | 238 | 54 | 45 | 38 |
| 可再生 | 87 | 175 | 275 | 24 | 37 | 44 |

---

① "National Electricity Plan", CEA, September 2022, https://cea.nic.in/wp-content/uploads/irp/2022/09/DRAFT_NATIONAL_ELECTRICITY_PLAN_9_SEP_2022_2-1.pdf; "India's Intended Nationally Determined Contribution: Working towards Climate Justice, Submission to United Nations Climate Change", Government of India, 2015, https://www4.unfccc.int/sites/submissions/INDC/Published%20Documents/India/1/INDIA%20INDC%20TO%20UNFCCC.pdf.

续表

|  | 2019年（吉瓦） | 2021—2022年（吉瓦） | 2026—2027年（吉瓦） | 2019年（%） | 2021—2022年（%） | 2026—2027年（%） |
|---|---|---|---|---|---|---|
| 水电 | 45 | 51 | 63 | 13 | 11 | 10 |
| 天然气 | 25 | 26 | 26 | 7 | 5 | 4 |
| 核电 | 7 | 10 | 17 | 2 | 2 | 3 |
| 总计 | 394 | 479 | 619 | 100 | 100 | 100 |

资料来源："National Electricity Plan", CEA, 2018, https://cea.nic.in/wp-content/uploads/irp/2022/09/DRAFT_NATIONAL_ELECTRICITY_PLAN_9_SEP_2022_2-1.pdf; "Coal in India 2019 report", Australian Government Department of Industry, Science and Resources, August 1, 2019, https://www.industry.gov.au/publications/coal-india-2019-report。

按照中国确定的巴黎协定目标，2030年碳排放量需要较2017年减少25%，即在25亿吨之内，2020—2030年二氧化碳年排放量平均增速需要控制在-3%，到2030年累积的二氧化碳排放量要控制在373亿吨，2019年中国二氧化碳排放量仍然达到97亿吨。与印度的情况类似，在2030年中国能源消费达峰之前，二氧化碳排放仍然会呈现逐年增加的趋势。

中国实施的能源发展"十三五"规划，是中国能源发展的行动指南，确定了优化高效智能的能源系统、推动能源供给和消费革命、节约低碳、多元发展仍然是中国能源发展的主要方向。规划中指出要对煤炭行业开展消费减量行动，严控煤炭消费总量，加快淘汰落后产能，有序退出过剩产能；提升能效环保标准，积极推进钢铁、建材、化工等高耗煤行业节能减排改造；全面实施散煤综合治理，逐步推行天然气、电力、洁净型煤及可再生能源等清洁能源替代民用散煤。煤电的转型重点主要包括：一是实施优化建设时序，新增投产规模控制在2亿千瓦以内；二是淘汰落后产能，力争淘汰落后产能2000万千瓦；三是节能减排改造，"十三五"时期完成煤电机组超低排放改造

4.2亿千瓦，节能改造3.4亿千瓦。自2006年《可再生能源法》推行以来，在技术创新的驱动下，中国新能源产业规模稳步增长，技术屡破世界纪录，近10年中国光伏发电成本降幅达到90%左右，陆上风电度电成本下降40%以上。

影响中国煤炭转型发展的一个重要因素是《经济和社会发展十四五规划》，其中包含的政策和目标的约束，以及未来的煤炭需求可能会受到政府的经济增长目标及其核电、风能和太阳能光伏以及煤炭转化项目政策的影响。从中国最新颁布的《中共中央关于制定第十四个五年规划和2035年远景目标的建议（全文）》来看，推进能源革命，加快推动绿色低碳发展，仍然是未来很长一段时间中国煤炭产业要面临的压力。在"十四五"时期，光伏、风电、生物质能、地热能等能源系统的分布式应用、创新发展将成为中国应对气候变化、保障能源安全的重要内容。综合分析国家能源转型要求、清洁能源消纳目标及新能源成本快速下降等因素，预计到2025年，中国煤电装机容量应该控制在12.5亿千瓦以内，风电和光伏发电装机规模将超过7.5亿千瓦，占全国电源总装机的比例超过26%（见表3.3）。未来一段时间陆续出台的各项能源专项规划，将会对未来中国能源的生产和消费起到决定性的作用，可以预见，煤炭的转型依然有很多工作要做。

表3.3　　　　未来中国煤炭及电力装机容量预测　　　（单位：亿千瓦）

|  | 2010年 | 2015年 | 2020年 | 2025年 |
|---|---|---|---|---|
| 煤电 | 6.6 | 9.0 | 11（10.6） | 12.5 |
| 水电 | 2.2 | 3.2 | 3.4 | 3.6 |
| 风电 | 0.3 | 1.3 | >2.1（2.2） | >3.7 |
| 太阳能光伏 | 0.003 | 0.4 | >1.1（1.6） | >3.8 |
| 核电 | 0.11 | 0.27 | 0.58（0.5） | 0.9 |

资料来源：根据《中国能源"十二五"、"十三五"规划》及相关资料整理估算。括弧中数据为写作时中电联公布的最新数据，截止到2020年第三季度。

第三，可再生能源发展和空气污染治理的挑战要求煤炭行业必须清洁转型。中印两国同时面临可再生能源发展及国内空气污染带来的问题。印度仍需要克服重大挑战，实现可再生能源发电能力目标，其中最关键的因素是成本。在某些情况下，可再生发电可能比新的煤炭发电便宜，但大多数情况下将难以超过现有的煤炭发电。其次是技术性的挑战，比如，印度目前没有足够的传输能力或足够实时动态的传输系统，无法轻易地将大量可再生能源纳入电网。同时，还有各种各样的政治因素需要考虑。印度中央政府不能要求各邦将其可再生能源购买义务与国家目标保持一致，各邦对国家目标的反应有很大差异。安得拉邦政府就试图取消部分风力发电项目，并要求可再生能源公司降低价格，并削减其上网的比例。任何减少煤炭消费的努力也可能受到煤炭产区的抵制，这将对印度铁路、钢铁、制造业等产生重大影响。

中国可再生能源发展面临的问题，一是由于可再生能源装机容量大幅增加，无法及时纳入电网，造成弃水、弃风、弃光"三弃"的状况比较严重。2016年，弃风高达17%，弃光高达19.8%，弃水在丰水的时候也有15%。经过近几年的努力，到2019年中国的"三弃"已经下降到2%—4%，接近国际3%的平均水平，但仍然存在地区间不平衡问题。2019年新疆的弃风率仍有14%，甘肃的弃风率仍有5.6%，内蒙古的弃风率仍有7%。二是中国可再生能源资源丰富的地区，多分布在西部等经济发展相对落后地区，而耗电大户则主要集中在东部和南部发达地区，中国电力的长距离高效运输及跨省可再生能源交易是未来可再生发展需要解决的关键问题。

在空气污染方面，燃煤是PM2.5的一个重要来源。根据世界银行的数据，大约7.6%的PM2.5排放量可归因于发电，7.7%归因于工业煤燃烧。印度于2019年1月启动了国家清洁空气计划（NCAP），其目标是到2030年将细颗粒物（PM2.5）和颗粒物（PM10）的空气污染减少20%—30%。2017年，印度 PM2.5 污染已经导致 67.3 万人死亡，并使 2130 万人失去健康。2013 年 9 月 10 日，中国实施《大气污染防治行动计划》，着重强化以细颗粒物（PM2.5）为重点的大气污染防治工作。目标是到 2017 年，京津冀、长三角、珠三角等重点区域 PM2.5 平均浓度分别比 2013 年下降 39.6%、34.3%、27.7%；全国地级及以上城市可吸入颗粒物（PM10）浓度下降 10% 以上。计划提出了大气污染防治标准和限期达标规划，并加强大气污染防治的监督管理。从加大综合治理力度、减少多污染物排放，调整优化产业结构、推动产业转型升级，加快企业技术改造、提高科技创新能力，加快调整能源结构、增加清洁能源供应，严格节能环保准入、优化产业空间布局，发挥市场机制作用、完善环境经济政策，健全法律法规体系、严格依法监督管理。建立区域协作机制、统筹区域环境治理，建立监测预警应急体系、妥善应对重污染天气，明确政府企业和社会的责任、动员全民参与环境保护等几个方面，加强对大气污染的治理。

在煤炭治理方面，推行煤炭洗选加工，降低煤炭的硫分和灰分，限制高硫分、高灰分煤炭的开采。新建煤矿应当同步建设配套的煤炭洗选设施，使煤炭的硫分、灰分含量达到规定标准；已建成的煤矿除所采煤炭属于低硫分、低灰分或者根据已达标排放的燃煤电厂要求不需要洗选以外，应当限期建成配套的煤炭洗选设施。该行动计划的实施，大大降低了中国的空气污染程度，但要根治，仍取决于煤炭转型发展进程。在煤炭清洁化生产的基础上，进一步拓展煤制油、煤制天然气、煤化工等煤炭产业链，积极推动碳捕集、利用与封存等技术的应用，将会对未来中国和印度的能源转型起到非常关键的作用。

第四，莫迪政府的能源改革使印度的煤炭转型存在变数。自 2014 年上任以来，莫迪政府实施了一系列重大经济改革。第一个任期的主要改革包括取消政策（旨在减少非正规经济活动、增加税收和防止资助非法活动）、实行商品和服务税以及在负担得起的住房、卫生和电力等领域提供公共产品方案。第二个五年任期，莫迪政府还将继续推进印度制造计划，推出一项旨在将印度转变为全球制造业中心的倡议。印度制造业和工业部门的增长将是该国能源需求上升的关键因素。[①] 印度的国家能源政策草案是由印度转型国家机构（NitiAayog）于2017年7月发布的，该草案确定了短期（到2022年）和中期（到2040年）四项关键能源政策目标，以便让印度的经济发展有充足的"能源准备"。这四项目标包括：

一是可负担得起的价格。意在解决能源贫困，目的是确保在2022年普及"24×7"的电力供应，并提高烹饪燃料的清洁化水平。2019年7月，印度政府将清洁烹饪燃料的目标提前到2022年完成。

二是改善安全和自给自足。增加国内石油、煤炭和天然气的供应，减少对进口能源的依赖，同时，进口来源的多样化也有利于能源安全。

三是更好的可持续性。旨在通过提高能源效率和发展可再生能源，解决"气候变化的灾难性影响和矿物燃料对当地空气质量的有害影响"。

四是经济增长。能源政策必须支持快速的经济增长和能源部门的经济活动。

这四个目标之间存在互补性和竞争性的关系。例如，减少化石燃料消耗将"促进可持续性和安全的双重目标"。然而，只要化石燃料仍然是最便宜的能源，"负担得起的价格目标就会与可持续性的能源安全目标相冲突"，从可负担和易得到电力的角度看，印度煤炭转型仍然存在阻力和变数。

---

① International Monetary Fund (2019) World Economic Outlook, "Still Sluggish Global Growth", World Economic Outlook Report, July 2019, https://www.imf.org/en/Publications/WEO/Issues/2019/07/18/WEOupdateJuly2019.

# 四 中国和印度清洁能源发展比较[*]

大力发展清洁能源，努力改善生态环境、实现绿色低碳发展是中国和印度实现可持续发展的共同目标。推动能源结构转型，大力发展以太阳能光伏和风电为代表的清洁能源，对于保障两国的能源供应、实现碳排放控制目标和促进经济社会可持续发展，具有重要的意义。

## （一）中印清洁能源发展历程与现状

### 1. 中印太阳能光伏发展历程与现状

**（1）中国太阳能光伏**

进入 21 世纪以来，中国的光伏产业经历了爆发式的成长，从鲜为人知一跃成为全球最大的光伏产品生产国。作为新兴产业部门，光伏产业一度吸引了大量社会资本，使国内形成了巨大产能。但在 2013 年前后，由于国际市场风云突变，多晶硅和电池组件的价格狂跌，一度导致国内光伏产业出现严重的产能过剩。国务院及时出台了一系列扶持国内光伏市场的激励政策，通过刺激国内市场的需求，有效化解了光伏产业的供求矛盾。2013 年 7 月，《国务院关于促进光伏产业健康发展的若干意见》

---

[*] 本部分作者：万军，中国社会科学院世界经济与政治研究所副研究员；刘淑伟，中国社会科学院大学国际关系学院硕士研究生。

提出,从2013年到2015年,中国光伏发电装机年均新增规模为1000万千瓦左右,到2015年总装机容量达到3500万千瓦以上。① 这一政策对于纠正光伏市场的产能过剩、无序竞争、过度依赖外需等问题产生了巨大的推动作用,标志着中国光伏市场开始走上有序发展的快车道。时至今日,太阳能光伏已成为中国清洁能源中发展最快的领域之一。

由于新冠疫情的突然暴发,中国经济受到很大冲击,但中国的光伏市场依然蓬勃发展。2020年,中国光伏累计装机量达到253吉瓦,较上年新增48.2吉瓦,同比增长60%(见图4.1)。其中,集中式光伏电站新增32.68吉瓦,分布式光伏新增15.52吉瓦。从新增装机的区域分布看,中东部和南方地区占比约36%,"三北"地区占64%。随着光伏累计装机容量的增加和电网消纳能力的提升,光伏太阳能的发电量也在逐渐攀升。2020年,中国光伏发电量2605亿千瓦时,同比增长16.1%,光伏发电占可再生能源发电量的比例约为11.8%,占全部发电量的比重为3.5%(见图4.2)。② 随着光伏发电的成本竞争力开始显现,光伏发电总量还将继续保持增长态势。

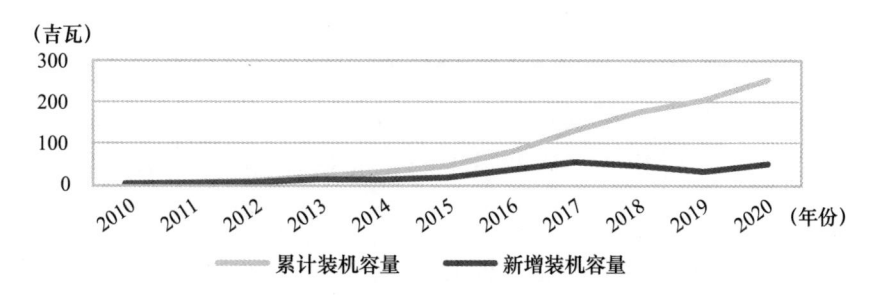

**图 4.1 2010—2020 年中国光伏装机容量的变化**

资料来源:中国光伏行业协会。

① 《国务院关于促进光伏产业健康发展的若干意见》,2013 年 7 月 15 日, http://www.gov.cn/zwgk/2013-07/15/content_2447814.htm。
② 《国家能源局 2021 年一季度网上新闻发布会文字实录》,2021 年 1 月 30 日, http://www.nea.gov.cn/2021-01/30/c_139708580.htm。

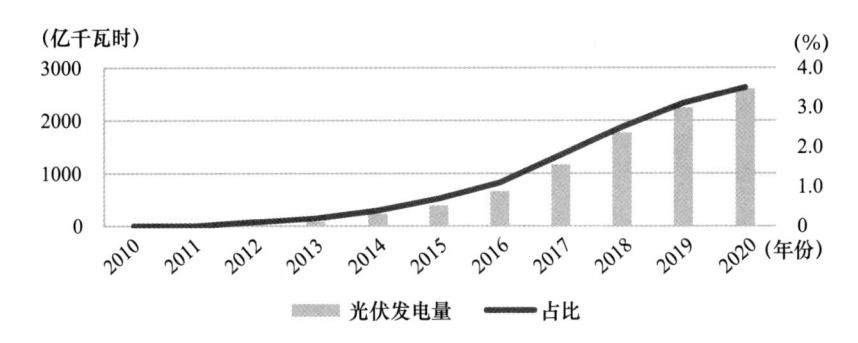

图 4.2 2010—2020 年中国光伏发电量及其在全国总发电量中的占比
资料来源：中国光伏行业协会。

在较长一段时间里，由于光伏配套设施不够完善，电网并网也存在一些政策和技术上的障碍，光伏太阳能发电一度出现了较高的弃光电量和弃光率。2017 年 11 月，国家发改委联合国家能源局印发了《解决弃水弃风弃光问题实施方案》，提出了改善可再生能源发电消纳问题的指导意见。在国家政策的积极引导下，近年来弃光电量和弃光率出现明显的"双降"趋势。2020 年，全国光伏发电弃光电量为 52.6 亿千瓦时，弃光率降至 2%。在光伏发电消纳问题比较严重的西北地区，2020 年整体弃光率降至 4.8%，同比降低 1.1%，其中新疆、甘肃弃光率分别为 4.6% 和 2.2%，同比下降 2.8% 和 2.0%。①

中国光伏产业在政策引导和技术驱动的推动下，产品产量和转化效率齐头并进。从产量上看，光伏产品的产出继续增加。2020 年，多晶硅全年产量超过 39.2 万吨，同比增长 14.6%，硅片产量达到 161.3 吉瓦，同比增长 19.7%；晶硅电池片产量约为 134.8 吉瓦，同比增长 22.2%。组件以晶硅组件为主，全国产量达到 124.6 吉瓦，同比增长 26.4%。排名前五的企业产量占国内组件总产量的 55.1%，前三家企业产量超过 10 吉瓦，

---

① 《国家能源局 2021 年一季度网上新闻发布会文字实录》，2021 年 1 月 30 日，http：//www.nea.gov.cn/2021-01/30/c_139708580.htm。

行业集中度进一步提高。① 中国光伏产业在扩大产能的同时,量产光伏太阳能电池的转换效率也在继续提高,行业技术水平不断进步。多晶黑硅电池的平均转换效率达到19.4%,使用钝化发射极和背面电池技术(PERC)的单晶和多晶黑硅电池效率提升至22.8%和20.8%。碲化镉(CdTe)薄膜太阳能电池的实验室最高转换效率能达到20.2%,组件量产平均转换效率为15.1%;铜铟镓硒(CIGS)薄膜太阳能电池实验室效率纪录达到23.2%,产线组件平均效率达到16%。② 中国光伏业协会预测,到2023年,使用PERC技术的单晶电池的平均转换效率将达到24%左右,碲化镉(CdTe)薄膜太阳能电池和铜铟镓硒(CIGS)薄膜太阳能电池的组件量产平均转换效率将分别达到17.7%和17.5%。③ 作为重要的战略性新兴产业,中国光伏产业在全产业链上都具备了较强的国际竞争力,多晶硅、硅片和组件等光伏产品的产能都已占据了全球的半壁江山。

**(2) 印度太阳能光伏**

印度是全球经济增长速度最快的国家之一,城市化进程加速和人口不断增长使得能源需求尤其是电力需求持续增长。从2009—2019年,印度年均电力生产增长率为6.2%,其中72%以上的电力来自煤电。④ 以煤电为主的能源结构在一定程度上满足了印度的能源需求,但也给印度带来了严重的环境污染问题。

---

① 中国光伏行业协会:《中国光伏产业发展路线图(2020版)》,2021年2月3日,http://www.chinapv.org.cn/road_map/927.html。
② 中国光伏行业协会:《中国光伏产业发展路线图(2020版)》,2021年2月3日,http://www.chinapv.org.cn/road_map/927.html。
③ 中国光伏行业协会:《中国光伏产业发展路线图(2020版)》,2021年2月3日,http://www.chinapv.org.cn/road_map/927.html。
④ "Statistical Review of World Energy 2021", BP, https://www.bp.com/content/dam/bp/business-sites/en/global/corporate/pdfs/energy-economics/statistical-review/bp-stats-review-2021-full-report.pdf.

印度地处南亚，自然禀赋优越，全年日照充足，大部分地区每年晴天数为250—300天，阳光总有效利用时间在1450—1700小时，具有发展太阳能产业的良好条件。① 印度政府在2010年1月提出了"国家太阳能任务"计划（JNNSM），要求在2022年前完成20吉瓦的太阳能光伏发电装机量。这个目标在2015年6月被调整为100吉瓦，其中屋顶太阳能发电项目和大中型光伏项目的装机量分别调整为40吉瓦和60吉瓦。2017年6月，印度政府又发布了《印度能源政策草案》，提出全国要在2022年实现100%供电，这进一步推动了印度电力市场的发展，为太阳能光伏市场提供了更大的发展空间。

尽管发展速度很快，但印度光伏太阳能市场的扩张仍然不及预期。截至2020年，印度的太阳能光伏装机量距其2022年100吉瓦的目标还有很大距离。2018年以来，印度光伏装机速度持续回落。2019年，印度累计太阳能光伏装机容量为35.7吉瓦，其中大型光伏项目总装机量为31.3吉瓦，屋顶太阳能发电项目总装机量为4.4吉瓦。2019年，印度全年光伏新增装机量7.3吉瓦，② 较上年下降约1吉瓦，降幅约为12%。③ 2020年，印度光伏新增装机量再次回落，仅为3.3吉瓦，同比下降56%，累计装机量为38.9吉瓦，同比增长仅为9.2%（见图4.3）。④ 这是印度光伏新增装机连续第三年下降，下降的主要原因来自项目延期、

---

① 《印度光伏行业分析报告》，2018年10月10日，北极星太阳能光伏网，https：//guangfu.bjx.com.cn/news/20181010/932856.shtml。

② 此处"全年"指的是自然年度，即1月1日到12月31日，与印度的财政年度（4月1日至次年3月31日）不同。

③ "2019 Q4 and Annual India Solar Market Update", Mercom India Research, https：//mercomindia.com/product/2019-q4-annual-india-solar-market-update/.

④ "2020 Q4 and Annual India Solar Market Update", Mercom India Research, https：//mercomindia.com/product/2020-q4-annual-india-solar-market-update/.

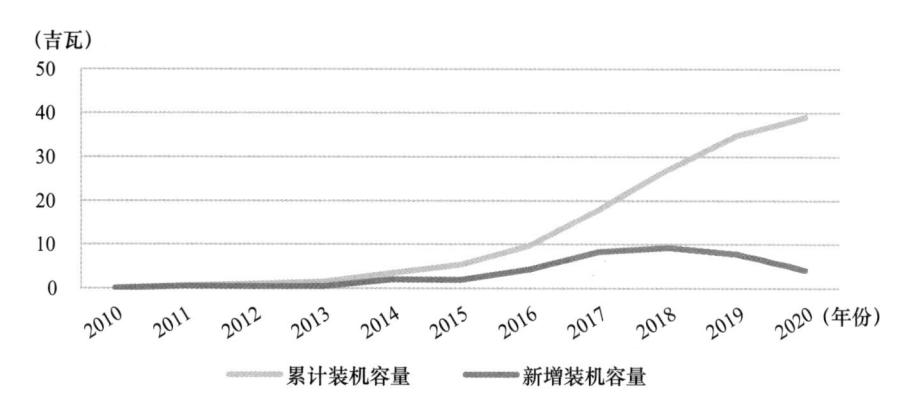

**图 4.3　2010—2020 年印度光伏装机容量的变化**

资料来源：*BP Statistical Review of World Energy 2021*。

政策挑战以及税收的不确定性。① 从光伏发电看，2020 年印度全年实现光伏发电 58.7 太瓦时，同比增长 26.5%，光伏发电占可再生能源发电总量的比例约为 38.8%，占全部发电量的比重为 3%（见图 4.4）。尽管装机速度慢于预期，但随着光伏装机量在可再生能源装机量中的占比不断增加，光伏发电占可再生能源发电量和发电总量的比例还将持续上升。

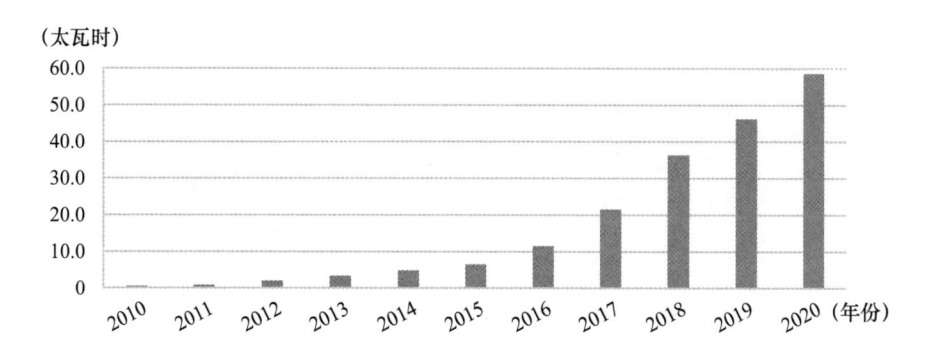

**图 4.4　2010—2020 年印度光伏发电量**

资料来源：*BP Statistical Review of World Energy 2021*。

---

① REN21, *Renewables 2019*, Global Status Report.

从产业供给侧来看，印度本土光伏制造企业近年来有所发展，但印度的光伏组件仍主要由外国企业提供。2020年，前十大光伏组件供应商中有八家来自国外，市场占比达47.53%，其中东方日升（Risen Energy）市场占比为12.57%，是印度最大的光伏组件供应商，前十大组件供应商市场占比为61.74%，印度本土企业的供给占比仅为21.2%（见图4.5）①。逆变器的市场集中度较高，2020年，印度前十大光伏逆变器供应商份额占市场需求的90%以上，阳光电源、华为、特变电工分列前三位，② 随着印度屋顶太阳能市场的增长，更加适合屋顶太阳能系统的串联逆变器市场将迎来更大发展。组件效率方面，单晶电池具有比多晶电池更高的效率和更长的使用寿命，并且能够更好地利用空间，具有广阔的发展前景。PERC＋单晶硅片的组合

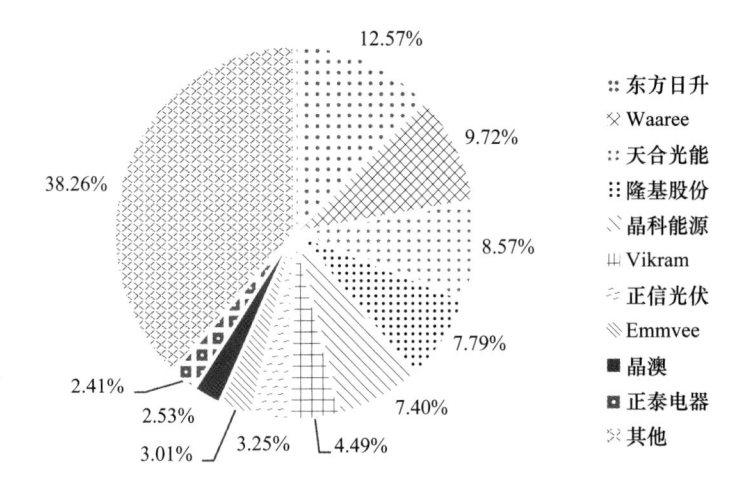

图4.5 2020年印度主要光伏组件供应商的市场份额

资料来源：Bridge to India, India Solar Map 2020。

---

① "India Solar Map 2020", Bridge to India, https：//bridgetoindia.com/report/india-solar-map-december-2020/.

② "India Solar Map 2019", Bridge to India, https：//bridgetoindia.com/report/india-solar-rooftop-map-june-2019/.

将逐步成为光伏行业的主流。但单晶电池因其价格劣势在印度市场的接受度不高，当前印度市场仍由多晶组件主导。但随着 PERC 技术的发展，单晶电池转化效率已经提高到近 22%，目前的行业共识是市场将逐步从常规的多晶电池和组件转向单晶。

随着印度光伏装机量的迅速增加，印度面临的"弃光限电"问题也更加严峻。受输电线路不足的制约，印度光伏行业发展长期被电力消纳问题所困扰。卡纳塔克邦、拉贾斯坦邦、安得拉邦、泰米尔纳德邦和马哈拉施特拉邦是印度光伏装机量最大的五个邦，但卡纳塔克邦、安得拉邦和泰米尔纳德邦一直面临着严重的弃光问题，弃光率在 10%—25%，泰米尔纳德邦在某些时段的弃光率甚至会超过 50%。[1] 严重的弃光限电给光伏电站开发商带来了巨大的经济损失，已经成为影响光伏投资规模扩大的重要因素。此外，煤电和风电相对于光伏发电的价格优势，也使得电力部门倾向于选择购买更加廉价的电力类型，也是导致印度光伏行业弃光率较高的一个重要原因。[2]

政府政策的不确定性对印度光伏市场的发展产生了重要影响。2017 年 7 月，印度商品和消费税（GST）委员会推出了商品和消费税税率指南，但并未明确关于太阳能光伏组件和服务适用的消费税税率规则，各邦对于选择使用 5% 还是 18% 的税率存在不同的观点，这加剧了行业对于消费税预期的混乱，[3] 印度光伏行业面临的政策不确定性降低了开发商扩大光伏投资规

---

[1] Nitin Kabeer, "Solar Curtailment Still an Issue for Power Developers in India", Mercom India, November 12, 2018, https：// mercomindia. com/ solar-curtailment-issue-power-developers/.

[2] Saumy Prateek, "Can't Curtail Solar at Your Convenience：Tamil Nadu Electricity Regulatory Commission", Mercom India, April 3, 2019, https：//mercomindia. com/cant-curtail-solar-at-convenience-tnerc/.

[3] Nitin Kabeer, "GST Rate 5% or 18%？Solar Sector Continues to Live with Uncertainty", Mercom India, October 29, 2018, https：//mercomin dia. com/gst-rate-5‐18-solar-sector/.

模的积极性。此外，印度最高法院于2018年年中批准了政府征收太阳能进口保障税，规定从2018年7月30日至2019年7月29日，对从马来西亚和中国进口的太阳能电池及组件征收25%的保障税，第二年的前六个月和后六个月税率分别降为20%和15%。自2018年下半年以来，印度太阳能电池组件进口骤降，再叠加其他因素的影响，制约了印度国内光伏市场的扩张步伐。

### 2. 中印风电发展历程与现状

#### （1）中国风电

中国风能资源丰富，开展风电技术研发和风电应用已有数十年的历史。近十年来，中国风电行业发展迅速，已成为世界上风电装机规模最大、增长速度最快的国家。截至2020年年底，中国风电累计装机288.3吉瓦，占全球风电装机总量的38.8%，是排名第二的美国（135.8吉瓦，18.3%）的两倍多。[①] 2020年中国实现风电新增装机71.7吉瓦，其中陆上风电新增装机68.6吉瓦，海上风电新增装机3.1吉瓦（见图4.6）[②]。从空间分布上看，中国风电累计装机量最多的省份主要集中在东北、西北和华北，"三北"地区装机量占全国总装机量的70%以上。从2020年新增装机分布上看，中东部和南方地区占比约40%，"三北"地区占60%，新增装机向中东部区域转移趋势明显。中东部电力需求旺盛的地区电网输送能力更强，新增装机向这些地区转移，不仅能改善这些地区用电紧张问题，也有利于提高风能利用效率，改善弃风限电问题，实现更大的经济效益。

作为重要的清洁能源，风电在中国的能源结构转型中正发

---

[①] GWEC, Global Wind Report 2021, https://gwec.net/global-wind-report-2021/.

[②] 《国家能源局2021年一季度网上新闻发布会文字实录》，2021年1月30日，http://www.nea.gov.cn/2021-01/30/c_139708580.htm。

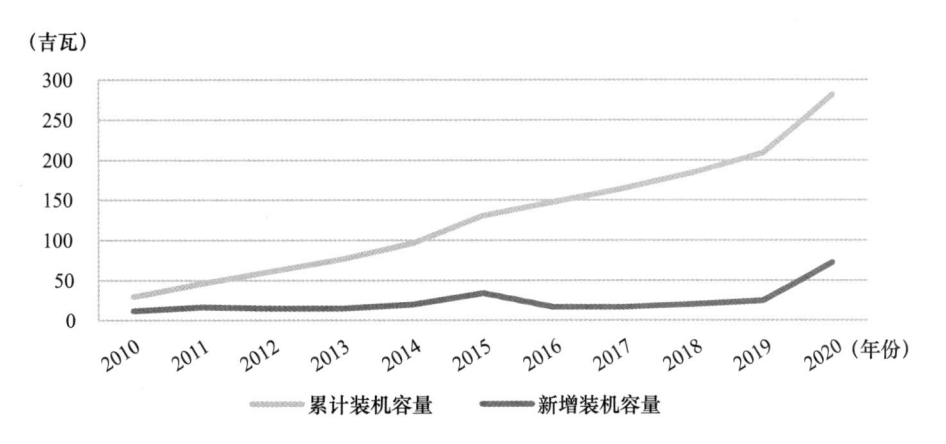

图 4.6　2010—2020 年中国风电装机容量的变化

资料来源：Wind 数据库。

挥着越来越大的作用。按照中国政府制定的《可再生能源发展"十三五"规划》的要求，2020 年非化石能源占一次能源消费比重要达到 15%。随着风电累计装机规模的不断上升，风力发电量也在稳步增加。2020 年全国风电发电量为 4665 亿千瓦时，同比增长约 15%，占全国总发电量的比例为 6.1%，比上年又提高了 0.6 个百分点（见图 4.7）。随着风电装机数量的不断增加，风机发电性能的持续提高，风力发电量及其占全国总发电量的比例还将保持攀升趋势。

由于中国的风电配套设施不断完善，电网输送能力不断提高以及新增装机向中东部地区转移，风力发电中的弃风电量和弃风率问题有了明显改善。为了降低弃风率，中国建立了风电投资监管预警机制。2016 年，国家能源局发布《关于建立监测预警机制促进风电产业持续健康发展的通知》，提出通过建立由高到低的红、橙、绿三个风险等级，引导风电企业理性投资。根据国家能源局提供的数据，2018 年全国风电发电弃风电量 277 亿千瓦时，平均弃风率 7%，同比下降 5 个百分点。这表明，自预警机制发布以来，全国以及高弃风率省份的弃风率已

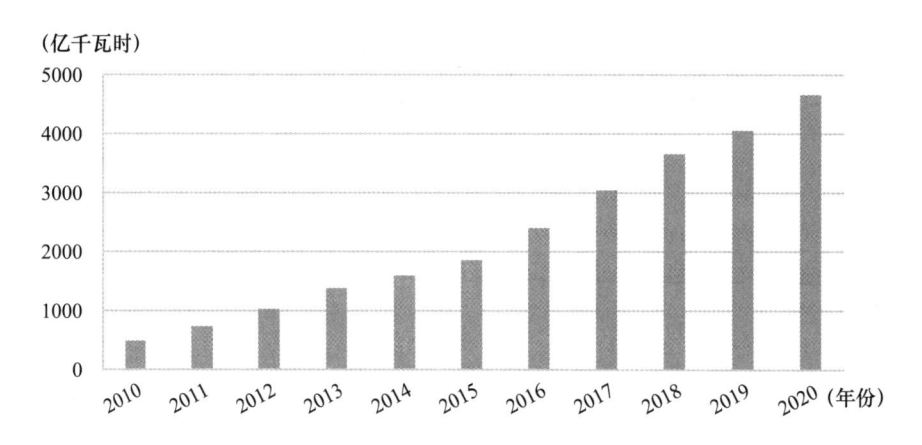

**图 4.7　2010—2020 年中国风能发电量的变化**

资料来源：Wind 数据库。

明显下降。2019 年 3 月，国家能源局发布《2019 年度风电投资监测预警结果的通知》，① 只有新疆和甘肃被列为红色预警省份，吉林和黑龙江两省的预警级别分别由红色和橙色转为绿色。这份通知还进一步要求，2020 年的目标是将全国弃风率控制在 5% 以下。2019 年和 2020 年弃风率分别为 4% 和 3%，如期实现了政策要求的弃风电量和弃风率的"双降"目标。但一些地方的弃风问题仍较为严重，2020 年新疆、甘肃和内蒙古三省区的弃风率分别为 10.3%、6.4% 和 7.0%，弃风率同比显著下降，但仍停留在 7% 左右。② 这表明，完成优化风电发展区域布局的任务依然任重道远。

中国东部地区海岸线长，海域面积广，风能资源丰富，发展海上风电的自然条件比较优越。海上风电也不会占用土地资源，对环境影响较小。在经济比较发达、能源需求持续增长的东部地区发展海上风电，对于增加电力供应、降低发电成本、

---

① 国家能源局：《2019 年度风电投资监测预警结果的通知》，2019 年 3 月 6 日，http://zfxxgk.nea.gov.cn/auto87/201903/t201903083631.htm。

② 《国家能源局 2021 年一季度网上新闻发布会文字实录》，2021 年 1 月 30 日，http://www.nea.gov.cn/2021-01/30/c_139708580.htm。

完善电力布局具有重要意义。中国海上风电起步较晚，但发展速度较快，海上风电装机量已初具规模。2020 年中国海上风电装机规模继续扩大，全年新增装机 3.1 吉瓦，截至 2020 年年底，中国海上风电累计装机已达到 9 吉瓦。① 在海上风电领域，中国已成为全球累计装机容量第二大的国家。凭借政府政策的支持、不断积累的海上风电发展经验以及日益完善的海上风电产业链，中国的海上风电部门仍将继续保持快速发展的势头。

（2）印度风电

印度是亚洲风电发展规模仅次于中国的国家。印度风能资源丰富，根据印度新能源和可再生能源部（MNRE）提供的数据，印度 100 米高度的风能发电潜力达到 302 吉瓦，120 米高度的发电潜力达到 695 吉瓦，② 具有发展风电得天独厚的优势。在 20 世纪 90 年代，印度就开始建设陆上风电示范项目，在九个邦共计建设了 71 兆瓦的示范项目。③ 此后，印度一直积极推进陆上风电开发。从 2008 年到 2019 年，印度风电年均新增装机 2.47 吉瓦，复合增速达到 12%，装机量从 2008 年的 10.24 吉瓦增加至 2019 年的 37.5 吉瓦，11 年来装机量增加了 3 倍多。④ 2020 年印度风电累计装机达到 38.6 吉瓦，其总装机容量排名全球第四。⑤ 从风力发电站的空间分布看，由于印度中部山脉会阻挡来自印度洋的西季风，因此印度风电装机基本集中在西部、中部和南部地区，累计装机量最高的三个邦分别是南部的泰米尔纳德邦、西北部的古吉拉特邦和西部的马哈拉施特拉邦，2020 年年底装机量分别为 9.4 吉瓦、8.2 吉瓦和 5.1 吉瓦，它

---

① 《国家能源局 2021 年一季度网上新闻发布会文字实录》，2021 年 1 月 30 日，http://www.nea.gov.cn/2021-01/30/c_139708580.htm。

② MNRE, *wind*, https://mnre.gov.in/wind/current-status/.

③ MNRE, *wind*, 2014, https://mnre.gov.in/wind.

④ REN21, *Renewables 2020*, Global Status Report.

⑤ REN21, *Renewables 2021*, Global Status Report.

们合计占印度风电总装机容量的59%。①

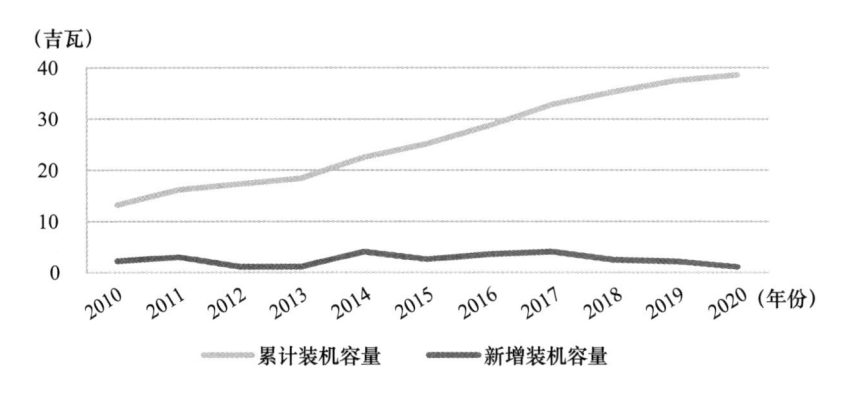

(吉瓦)

图4.8　2010—2020年印度风电装机容量的变化

资料来源：*BP Statistical Review of World Energy 2021*。

尽管印度是世界上风电发展速度最快的国家之一，但自2017年以来印度风电市场增速明显放缓，2020年进一步延续了下行趋势，全年新增装机1.1吉瓦，不到上年的一半，是2006年以来的最低年增长率（见图4.8），新增装机量的全球排名从上年的第四跌至第十。目前，印度电力系统基础仍然较为薄弱，电网传输能力不足，尚不具备大规模接入和消纳可再生能源电力的能力，需要投入大量的资金进行建设和改造。风能项目可以在不到两年的时间内建成，但建设拥有足够输电能力的电网需花费3—4年的时间。② 随着风力发电站投资和建设规模的扩大，因电网承载能力不足导致的风电项目延期已成为制约印度风电发展的重要障碍。近年来，印度在风电开发中开始推行竞争性的拍卖机制，在由固定补贴转向竞争性

---

① REN21, *Renewables 2021*, Global Status Report.

② Anindya Upadhyay, "Indian Wind Farm Developers Face Troubling Delays in Getting Projects Built", March 1, 2019, https://www.renewableenergyworld.com/2019/03/01/indian-wind-farm-developers-face-troubling-delays-in-getting-projects-built/.

配置的过程中，中标电价偏低也使开发商觉得无利可图，风电开发企业因而面临更大的成本压力。此外，电站的土地征用困难重重、电站建设融资困难以及政策不确定性等，也是影响开发商投资热情的重要因素。

随着风力发电装机容量的增加，印度的风力发电量也在稳步提升。从2009年到2019年，印度风能发电量年复合增长率为14.6%，发电总量从2009年的16.3太瓦时增加到2019年的63.3太瓦时，10年的时间里总量增加了近3倍。但由于新冠疫情的影响，2020年印度风电发电量为60.4太瓦时，同比减少了4.8%，2020年风电发电占可再生能源发电量的比重约为40%，占全部发电量的比重为3.9%，与2019年相比下降了0.2个百分点（见图4.9）。① 随着印度逐步走出疫情的阴影，印度风电市场仍在稳步发展，已经成为印度改善能源消费结构、逐步降低对传统化石燃料依赖并实现低碳发展目标的重要支柱。

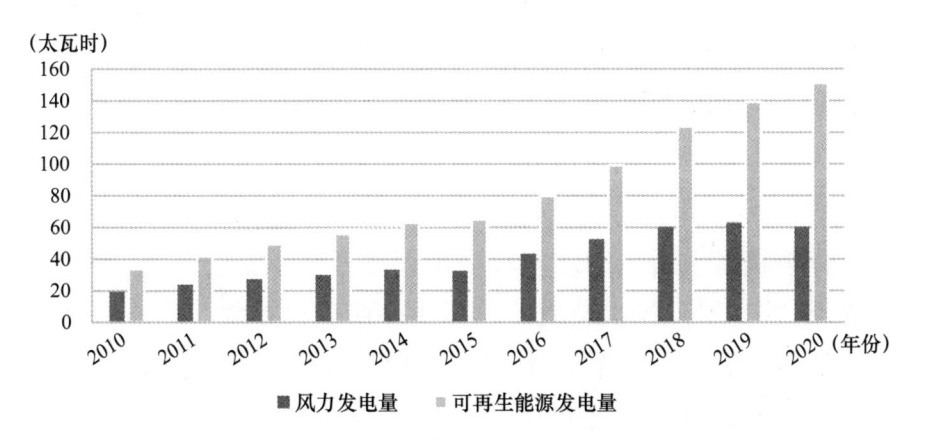

图4.9 2010—2020印度风能发电与可再生能源发电量对比

资料来源：*BP Statistical Review of World Energy 2021*。

---

① "Statistical Review of World Energy 2021," BP, https://www.bp.com/content/dam/bp/business-sites/en/global/corporate/pdfs/energy-economics/statistical-review/bp-stats-review-2021-full-report.pdf.

## （二）中印清洁能源发展状况比较

### 1. 中印太阳能光伏发展现状比较

中印两国都是太阳能资源丰富的国家，具有发展太阳能光伏产业的强劲需求。两国近年来发布了一系列政策措施，使两国光伏产业都实现了长足发展。但两国的光伏产业在技术、供求和政策方面又各有特点，因此有必要对两国光伏产业的发展进行总结和比较。

从光伏发电设施的区域分布来看，中国的太阳能资源主要分布在西北地区，集中于新疆、甘肃、青海和内蒙古几个省份，每平方米的年均太阳能辐射量在 1500 千瓦时到 2000 千瓦时，西北地区是中国光伏装机量最大的地区；印度作为一个热带国家，大部分地区每平方米年均太阳能辐射量大于 1900 千瓦时，光伏装机集中在纬度较低的南部各邦，卡纳塔克邦、特伦甘纳邦和马哈拉施特拉邦的装机量在全国范围内处于领先地位。除传统的大型光伏电站外，近年来中印两国的分布式光伏系统也迎来了较大发展，2018 年分布式光伏装机占中国全年光伏新增装机的 47%，印度的屋顶光伏系统装机增速也超过 60%，但是从累计装机量上看，印度相较中国还存在较大差距，离 2022 年实现 40 吉瓦屋顶光伏装机的目标还存在较大差距。[①]

从电力需求方面看，中国经济较为发达的大城市和人口主要集中在东部地区，印度则主要分布在中部和北部地区，中国和印度都存在光伏装机和电力需求在地区上的不匹配问题，受有限的电网输送能力的制约，两国都存在对光伏发电量的消纳能力不足、弃光率居高不下的问题。两国均采取了一系列措施以降低弃光率。中国一方面加快电网基础设施建设，提高电网

---

① REN21, *Renewables 2020*, Global Status Report.

输送能力；另一方面加强落实光伏优先发电顺序，建立光伏投资预警机制，通过设定电网企业的保障性收购电量和各省份年度弃光率目标，对于未达到保障小时数要求的省份和弃光率居高不下的地区，限制其光伏项目的投资建设，已连续数年实现弃光率和弃光电量的"双降"。由于受到审批和政策变化等原因的影响，印度的电网建设速度偏慢，因输电能力不足导致的弃光现象更加严重。印度政府主要通过为地方电网设置保障性收购电量，以此来保证光伏项目具有足够的运行水平。①

从光伏制造业来看，中国拥有全球最大和最完整的光伏产业链，中国制造的光伏产品具有很强的国际竞争力，截至2020年年底，中国的光伏组件出货量已占全球市场的七成。但印度的太阳能光伏设备制造还处于起步阶段，缺乏成熟的光伏设备制造产业，无论是从技术研发水平还是从生产成本来看，与世界先进水平都存在明显差距，无法满足国内旺盛的市场需求。截至2020年年底，印度前十大光伏组件供应商中有七家来自中国，本土企业占有率仅为21.2%，前三大逆变器供应商均来自中国，本土光伏企业发展缓慢在一定程度上阻碍了印度光伏发电市场规模的扩大。②

在产业政策方面，由于中国的光伏累计装机容量持续扩张，光伏市场规模越来越大。随着市场环境的变化，中国光伏政策的发力点也在调整，在继续促进光伏市场增长的同时，重点放在以下两个方面：一是进一步完善光伏基础设施建设，通过现有电网的改造和升级，以更好地保障光伏发电能力能够被有效消纳，从而不断降低弃光率水平；二是优化增量光伏发电设施

---

① Saumy Prateek, "Can't Curtail Solar at Your Convenience: Tamil Nadu Electricity Regulatory Commission", April 3, 2019, https://mercomindia.com/cant-curtail-solar-at-convenience-tnerc/.

② "India Solar Map 2020", Bridge to India, https://bridgetoindia.com/report/india-solar-map-december-2020/.

的布局，引导新增光伏发电设备更多分布在中东部电力需求旺盛的地区，减少新增装机对于输电网络的压力，逐步实现太阳能光伏发电的均衡发展。对于印度来说，在总量扩容和基础完善方面还有较多的目标要实现。2015 年，印度政府加大对太阳能光伏的补贴力度，提升了"国家太阳能计划"的装机目标，要求在 2022 年光伏装机容量要达到 100 吉瓦，其中 40 吉瓦来自屋顶太阳能项目。但从目前来看，无论是累计装机容量还是屋顶太阳能项目的装机量，离实现目标都还有较大距离。此外，印度国内的高弃风率和电网约束等问题也迟迟未得到有效解决，这就要求印度政府结合本国的实际情况，实施更加具有针对性和操作性的激励政策，以加快光伏市场的发展步伐。

### 2. 中印风电发展比较

从两国风电的发展历程来看，中印基本上在同一时期开始发展风电产业，两国在起步阶段的发展态势难分伯仲，但 2006 年以后，中国风电行业开始呈现强劲增长的势头，累计装机量在 2009 年超过印度，2010 年超过美国，排名全球第一，这个排名一直保持到今天。印度风电行业的总体发展态势也比较强，累计风电装机量目前已位居世界第四位。

从风电的供给侧来看，两国风电装机的区域分布与风能资源的丰富程度基本相对应。两国的风能资源都具有很强的季节性。中国的风能资源主要来自寒潮、冷空气和季风，尤其是冬季的西北季风，国内风能资源主要集中在东南沿海和三北地区（东北、华北和西北），部分内陆地区的风能资源也较为丰富。印度风能资源主要来自每年 5—9 月的西南季风，风能多集中在西北部、西部和南部，南部的泰米尔纳德邦是印度风能资源最为丰富的地区。两国风电产业的区域集中度都相对较高，中国的三北地区和印度的西部及南部各邦占据了两国风电装机市场的绝大部分。但是从增量上看，2018 年以来中国的风电新增装机区域开始有所变化，向东部经济发达、需求旺盛地区转移的趋势较为明显，而印度目前尚未出现这种趋势。在海上风电方面，中国的发展规模已经远远领先于印度。2020 年，中国海上风电新增装机占全球的 50.45%，累计装机占全球 28.12%，排名仅次于英国，位列全球第二。[①] 中国广东、江苏、浙江等沿海省份均已制定了明确的海上风电发展目标，其中广东计划 2030 年实现 30 吉瓦的海上风电装机。[②] 印度虽然已提出海上风电开发的计划，但该计划自 2005 年以来已出现数次推迟，海上风电装机至今仍未实现。

从风电的需求侧来看，两国都是幅员辽阔的大国，电力生产地和需求所在区域往往并不一致，需要进行跨区域的电力输送和调度，因而中印两国都面临着较为严重的风电消纳问题。风电预测技术不成熟、跨区电力市场的不完善以及风电资源与电力消费之间的地区不匹配，都是导致两国风电消纳能力不足的重要原因。对于中国来说，国家对新能源产业发展的鼓励推动了风电的迅速发展，也使得电网建设滞后于风电场建设，导致高弃风率的产生。针对这个问题，中国近年来在电力基础设施方面持续加大投资力度，在特高压电网技术方面也取得了重大突破，妨碍新能源电力消纳的电网基础设施问题得到了有效解决，极大地降低了弃风率，提高了风力发电的利用效率。对于印度来说，陈旧的输电线路和落后的电网基础设施是导致风电消纳能力不足的主要因素。由于技术、规模经济等因素的影响，风电的成本相对较高，较之于煤电，风电的经济性并不明显，导致印度一些邦的电网运营部门置风电购买量指标于不顾，更愿意购买供应稳定、成本更低的煤电，导致风力发电场生产的电力被迫浪费。在保持风电装机稳定增长

---

① GWEC, "Global Wind Report 2021", https://gwec.net/global-wind-report-2021/.

② REN21, *Renewables 2020*, Global Status Report.

前提下，如何逐步降低国内的弃风限电，是印度新能源管理当局急需解决的问题。

从风电设备制造业来看，随着风电技术的创新、供应链的完善以及制造工艺的改进，中印两国风力发电的成本都在持续下降。根据国际可再生能源机构（IRENA）的数据，中印两国在2018年投入使用的陆上风电场的平均总安装成本分别为1222美元/千瓦和1054美元/千瓦，[1] 是全球风电安装成本最低的两个国家；平准化度电成本也达到了0.047美元/千瓦时和0.049美元/千瓦时，在全球范围处于较低水平。[2] 虽然两国风电的商业化运营程度越来越高，风电的成本竞争力也在持续提高，但短期内政府的补贴政策依然是推动两国风电发展的主要因素。近年来，两国政府都开始调整风电产业政策，通过引入竞拍、投标等竞争机制，逐步降低补贴力度，尽快推动风力发电实现平价上网。中国2018年宣布开始实行竞价上网，将竞价的重点放在风电定价、技术水平和保证消纳方面；印度则制定了2022年实现风电装机60吉瓦的目标。随着政府补贴的逐渐减少乃至最终退出，市场将成为引导两国风电发展的主导因素。

## （三）中印清洁能源的前景与挑战

尽管目前化石能源仍然是中印等发展中国家使用的主要能源，但在《巴黎协定》的约束下，发展中国家为了更好地履行共同而有区别的责任，都在积极推广新能源的使用。以光伏太阳能和风能为代表的新能源因其低碳和环保而受到越来越多的发展中国家重视。中国和印度在积极推进工业化的过程中，能源供求矛盾也日益突出。中印风力充沛、日照充足，具有发展

---

[1] IRENA Data File Renewable Power Generation Costs in 2019.
[2] IRENA Data File Renewable Power Generation Costs in 2019.

清洁能源的天然优势。在清洁能源的开发利用方面，中国走在世界前列。根据国家能源局提供的数据，截至2020年年底，中国可再生能源发电装机达到9.34亿千瓦，可再生能源发电量达22148亿千瓦时。印度的清洁能源发展也很快，2020年印度新增光伏装机容量名列世界第6，累计装机容量位居全球第5。2020年，中国和印度都进入全球光伏新增装机规模前十名，已成为全球光伏市场发展的重要驱动力量。风电技术的进步和风力发电成本的降低，也为中印风电市场开启了新的发展空间，随着低碳经济和可持续发展的理念深入人心，中国和印度的清洁能源发展正在驶入快车道。

任何产业要实现迅速发展，仅靠扩大需求端是远远不够的，还要提高供给端的质量与效率。过去几年，中印清洁能源产业在产能不断扩张的同时，供给质量也在不断提升。随着技术的进步，光伏电池转换效率不断提升，大硅片、高功率组件市场逐步完善，产品升级的速度超出了市场预期。但必须承认，在涉及风电与光伏的核心技术领域，中印两国与欧美发达国家的发展程度尚有差距，部分关键的技术环节仍存在短板，比如光伏上游的制造仪器、部分核心零件等。要实现核心技术的突破，需要两国的清洁能源企业继续加大研发力度，进一步提升创新能力，为清洁能源产业的可持续发展提供坚实的技术支撑。

在清洁能源发电的基础设施建设方面，两国都不同程度地存在电力跨区输送困难的问题。因此，发展更具灵活性的屋顶光伏和分布式风电对于解决清洁能源电力的本地消纳问题拥有重要意义。中国的分布式光伏和风电政策目标已经较为明确，政策实施路径也非常清晰，分布式的风电和光伏正在迎来发展的良机。印度的光伏和风能应用目前以大规模电站为主，虽然印度政府在推动分布式光伏和风电场的发展方面也实施了一系列扶持政策，但分布式光伏和风电所占比例仍然较小，高弃光弃风率的问题日益突出，清洁能源发电产生的大量电力被白白浪费。印度应该以更大的力度加快分布式光伏和风电的发展，充分发挥它们在满足电力需求、改善自然环境、调整能源结构和推动经济发展等方面的积极作用。

综上所述，不断完善激励政策、积极引导和促进技术创新、优化区域布局将是中印两国未来在清洁能源政策上的主要着力点。两国将充分发挥清洁能源在来源广泛、清洁低碳等方面的明显优势，积极推进能源结构的优化，在确保能源供应安全的前提下，逐步实现可再生能源对化石能源的有序替代。

# 五 中国和印度对外能源贸易比较[*]

中国和印度作为全球两大人口大国,也是重要的发展中国家,对能源的需求与日俱增,本国能源供给难以满足,对外能源贸易规模逐步扩大。中国和印度原油、原煤出口近年逐渐下降,石油制品出口、天然气进出口、可再生能源进出口逐渐上升;中国和印度双边原油进出口近年逐渐下降,双边石油制品进出口逐渐上升,双边天然气进出口不活跃,双边可再生能源进出口逐渐上升。总体来看,中国和印度作为全球两大发展中国家,能源对外依赖程度均较高。美国对伊朗制裁使印度原油进口格局发生重大改变。中印光伏产品贸易摩擦不断,印度不时对中国光伏产品进口实施反倾销。印度在中亚的能源外交可能会挑战中国的主导地位。

## (一) 中印对外能源贸易情况

### 1. 中印对外原油贸易情况

中国和印度原油出口近年体量较小,进口逐步上升,两国均为原油净进口国,中国对外原油进出口规模大于印度(见表5.1)。具体来看,2010—2019年,中国原油对外出口量由

---

[*] 本部分作者林屾,中国社会科学院世界经济与政治研究所助理研究员。

302.9万吨上升至810.0万吨，出口额由16.4亿美元上升至36.2亿美元；印度原油对外出口量由4.5万吨降至不足1000吨（362千克），出口额由2000万美元下降至不足1000万美元（175美元），两国出口体量均不大。

与此同时，2010—2019年，中国原油对外进口量由2.4亿吨上升至5.1亿吨，进口额由1353.0亿美元上升至2423.8亿美元；印度原油对外进口量由1.6亿吨上升至2.2亿吨，进口额由886.1亿美元上升至1019.5亿美元，两国上升幅度均较大。

表5.1　　　　　　　　中国和印度对外原油贸易情况

| | 2010年 | 2011年 | 2012年 | 2013年 | 2014年 | 2015年 | 2016年 | 2017年 | 2018年 | 2019年 |
|---|---|---|---|---|---|---|---|---|---|---|
| 中国和印度原油出口总量（单位：万吨） | | | | | | | | | | |
| 中国出口总量 | 302.9 | 251.4 | 243.2 | 161.7 | 60.0 | 286.6 | 294.1 | 486.1 | 262.7 | 810.0 |
| 印度出口总量 | 4.5 | 2.1 | 0 | 0 | 0.2 | 0 | 0 | 0 | 0 | — |
| 中国和印度原油出口总额（单位：亿美元） | | | | | | | | | | |
| 中国出口总额 | 16.4 | 19.1 | 22.3 | 14.6 | 4.9 | 15.5 | 9.4 | 18.2 | 12.7 | 36.2 |
| 印度出口总额 | 0.2 | 0.2 | 0 | 0 | 0 | 0 | 0 | 0 | 0 | — |
| 中国和印度原油进口总量（单位：亿吨） | | | | | | | | | | |
| 中国进口总量 | 2.4 | 2.5 | 2.7 | 2.8 | 3.1 | 3.4 | 3.8 | 4.2 | 4.6 | 5.1 |
| 印度进口总量 | 1.6 | 1.6 | 1.9 | 1.9 | 1.9 | 2.0 | 2.1 | 2.2 | 2.3 | 2.2 |
| 中国和印度原油进口总额（单位：亿美元） | | | | | | | | | | |
| 中国进口总额 | 1353.0 | 1967.7 | 2207.9 | 2196.6 | 2282.9 | 1343.4 | 1166.6 | 1638.2 | 2392.2 | 2423.8 |
| 印度进口总额 | 886.1 | 1221.3 | 1487.6 | 1480.5 | 1358.3 | 723.2 | 608.7 | 821.0 | 1147.1 | 1019.5 |

资料来源：UNcomtrade及笔者计算整理，HS商品编码2709。

## 2. 中印对外石油制品贸易情况

中国和印度石油制品出口近年逐年上升，进口逐步下降，两国均为石油制品净出口国，中国对外石油制品出口规模小于印度，进口规模大于印度（见表5.2）。具体来看，2010—2019年，中国石油制品对外出口量由2685.6万吨上升至6684.7万吨，出口额由170.3亿美元上升至384.4亿美元；印度石油制品对外出口量由6.0万吨上升至7243.1万吨，出口额由4000万美元上升至425.6亿美元，两国均有所上升。

与此同时，2010—2019年，中国石油制品对外进口量由4000万吨下降至3000万吨，进口额由224.4亿美元下降至170.6亿美元；印度石油制品进口量保持在1000万吨左右，进口额由366.4亿美元下降至66.8亿美元，两国均有所下降。

表5.2　　　　　　中国和印度对外石油制品贸易情况

| | 2010年 | 2011年 | 2012年 | 2013年 | 2014年 | 2015年 | 2016年 | 2017年 | 2018年 | 2019年 |
|---|---|---|---|---|---|---|---|---|---|---|
| 中国和印度石油制品出口总量（单位：万吨） | | | | | | | | | | |
| 中国出口总量 | 2685.6 | 2570.0 | 2427.2 | 2851.1 | 2966.7 | 3612.4 | 4830.6 | 5215.9 | 5842.0 | 6684.7 |
| 印度出口总量 | 6.0 | 6209.2 | 5888.5 | 0 | 6945.9 | 5853.1 | 0 | 6677.1 | 7206.3 | 7243.1 |
| 中国和印度石油制品出口总额（单位：亿美元） | | | | | | | | | | |
| 中国出口总额 | 170.3 | 207.7 | 213.2 | 245.0 | 257.8 | 190.9 | 194.0 | 254.6 | 357.5 | 384.4 |
| 印度出口总额 | 0.4 | 546.1 | 527.6 | 670.8 | 608.4 | 304.5 | 269.5 | 348.5 | 470.8 | 425.6 |
| 中国和印度石油制品进口总量（单位：亿吨） | | | | | | | | | | |
| 中国进口总量 | 0.4 | 0.4 | 0.4 | 0.4 | 0.3 | 0.3 | 0.3 | 0.3 | 0.3 | 0.3 |
| 印度进口总量 | 0 | 0.1 | 0.1 | 0 | 0 | 0.1 | 0.1 | 0.1 | 0.1 | 0.1 |

续表

| | 2010年 | 2011年 | 2012年 | 2013年 | 2014年 | 2015年 | 2016年 | 2017年 | 2018年 | 2019年 |
|---|---|---|---|---|---|---|---|---|---|---|
| 中国和印度石油制品进口总额（单位：亿美元） | | | | | | | | | | |
| 中国进口总额 | 224.4 | 327.8 | 330.3 | 320.3 | 234.5 | 142.4 | 111.6 | 145.0 | 200.7 | 170.6 |
| 印度进口总额 | 366.4 | 73.5 | 51.7 | 44.2 | 42.0 | 39.9 | 36.9 | 38.3 | 56.8 | 66.8 |

资料来源：UNcomtrade 及笔者计算整理，HS 商品编码 2710。

### 3. 中印对外原煤贸易情况

中国和印度原煤出口近年逐渐下降，进口逐步回升，两国均为原煤净进口国，中国原煤出口规模远大于印度，进口规模逐步被印度超越（见表5.3）。具体来看，2010—2019年，中国原煤对外出口量由1903.0吨下降至601.47万吨，出口额由22.5亿美元下降至9.3亿美元；印度原煤对外出口量由122.7万吨降至88.3万吨，出口额由1亿美元下降至9000万美元，两国均有下降。

与此同时，2010—2019年，中国原煤对外进口量由1.6亿吨上升至2.0亿吨，进口额由169.2亿美元上升至189.4亿美元；印度原煤对外进口量由0.7亿吨上升至2.5亿吨，进口额由93.8亿美元上升至226.0亿美元，两国上升幅度均较大。

表5.3 中国和印度对外原煤贸易情况

| | 2010年 | 2011年 | 2012年 | 2013年 | 2014年 | 2015年 | 2016年 | 2017年 | 2018年 | 2019年 |
|---|---|---|---|---|---|---|---|---|---|---|
| 中国和印度原煤出口总量（单位：万吨） | | | | | | | | | | |
| 中国出口总量 | 1903.0 | 1465.8 | 926.4 | 746.7 | 573.2 | 533.4 | 878.2 | 807.8 | — | 601.47 |
| 印度出口总量 | 122.7 | 464.7 | 155.9 | 233.5 | 105.1 | 110.5 | 92.3 | 105.5 | 101.4 | 88.3 |

续表

| | 2010年 | 2011年 | 2012年 | 2013年 | 2014年 | 2015年 | 2016年 | 2017年 | 2018年 | 2019年 |
|---|---|---|---|---|---|---|---|---|---|---|
| 中国和印度原煤出口总额（单位：亿美元） | | | | | | | | | | |
| 中国出口总额 | 22.5 | 27.2 | 15.9 | 10.6 | 6.9 | 5.0 | 7.0 | 10.9 | 7.9 | 9.3 |
| 印度出口总额 | 1.0 | 3.0 | 1.0 | 1.5 | 1.0 | 1.0 | 0.5 | 0.9 | 0.9 | 0.9 |
| 中国和印度原煤进口总量（单位：亿吨） | | | | | | | | | | |
| 中国进口总量 | 1.6 | 1.8 | 2.3 | 2.7 | 2.3 | 1.6 | 1.8 | 1.9 | 1.9 | 2.0 |
| 印度进口总量 | 0.7 | 0.9 | 1.2 | 1.6 | 2.0 | 2.1 | 1.9 | 2.0 | 2.3 | 2.5 |
| 中国和印度原煤进口总额（单位：亿美元） | | | | | | | | | | |
| 中国进口总额 | 169.2 | 208.8 | 253.0 | 259.3 | 189.0 | 101.4 | 115.1 | 186.0 | 195.9 | 189.4 |
| 印度进口总额 | 93.8 | 146.2 | 151.5 | 149.3 | 164.0 | 141.2 | 127.1 | 201.0 | 245.8 | 226.0 |

资料来源：UNcomtrade 及笔者计算整理，HS 商品编码 2701。

#### 4. 中印对外天然气贸易情况

中国和印度天然气进出口近年逐渐上升，两国均为天然气净进口国，中国对外天然气出口规模大于印度，以管道气为主，进口规模也大于印度（见表5.4）。具体来看，2010—2019年，中国液化天然气对外出口量达7.4万吨，出口额达2000万美元；印度液化天然气对外出口量由3.7万吨上升至7.7万吨，出口额由1000万美元上升至5000万美元，两国差异较大。中国管道天然气对外出口量由292.1万吨上升至343.8万吨，出口额由8.2亿美元上升至9.6亿美元；印度管道天然气对外出口量由4000万吨下降至不足1000万吨，出口额未超过2000万美元。

与此同时，2010—2019年，中国液化天然气对外进口量由

934.4万吨上升至6017.1万吨，进口额由30.2亿美元上升至286.3亿美元；印度液化天然气对外进口量由873.4万吨上升至2230.5万吨，进口额由25.6亿美元上升至95.5亿美元。中国管道天然气对外进口量由259.4万吨上升至4365.5万吨，进口额由9.9亿美元上升至139.3亿美元；印度管道天然气对外进口量均不足1000吨，进口额均不足1000万美元。总体来看，两国上升幅度均较大。

表5.4  中国和印度对外天然气贸易情况

| | 2010年 | 2011年 | 2012年 | 2013年 | 2014年 | 2015年 | 2016年 | 2017年 | 2018年 | 2019年 |
|---|---|---|---|---|---|---|---|---|---|---|
| 中国和印度液化天然气出口总量（单位：万吨） | | | | | | | | | | |
| 中国出口总量 | 0 | 0 | 0 | 0 | 0 | 0 | 0 | 0 | 0.1 | 7.4 |
| 印度出口总量 | 3.7 | 1.8 | 2.7 | 13.2 | 0.7 | 25.0 | 3.7 | 4.4 | 5.3 | 7.7 |
| 中国和印度液化天然气出口总额（单位：亿美元） | | | | | | | | | | |
| 中国出口总额 | 0 | 0 | 0 | 0 | 0 | 0 | 0 | 0 | 0 | 0.2 |
| 印度出口总额 | 0.1 | 0.2 | 0.3 | 1.0 | 0.1 | 1.2 | 0.2 | 0.3 | 0.4 | 0.5 |
| 中国和印度液化天然气进口总量（单位：万吨） | | | | | | | | | | |
| 中国进口总量 | 934.3 | 1220.8 | 1467.6 | 1800.1 | 1982.5 | 1961.9 | 2605.8 | 3809.4 | 5380.6 | 6019.1 |
| 印度进口总量 | 873.4 | 1280.3 | 1384.4 | 1303.9 | 1393.9 | 1318.6 | 1718.5 | 1869.9 | 2232.8 | 2230.5 |
| 中国和印度液化天然气进口总额（单位：亿美元） | | | | | | | | | | |
| 中国进口总额 | 30.2 | 57.6 | 82.8 | 106.5 | 122.2 | 87.9 | 89.4 | 147.5 | 267.7 | 286.3 |
| 印度进口总额 | 25.6 | 60.1 | 78.0 | 83.1 | 98.9 | 71.3 | 54.3 | 72.1 | 108.8 | 95.5 |

续表

| | 2010年 | 2011年 | 2012年 | 2013年 | 2014年 | 2015年 | 2016年 | 2017年 | 2018年 | 2019年 |
|---|---|---|---|---|---|---|---|---|---|---|
| 中国和印度管道天然气出口总量（单位：万吨） | | | | | | | | | | |
| 中国出口总量 | 292.1 | 231.0 | 209.4 | 198.9 | 189.1 | 235.2 | 244.9 | 254.3 | 243.6 | 343.8 |
| 印度出口总量 | 0.4 | 0 | 1.5 | 0 | 0 | 0 | 0.2 | 0 | 0 | 0 |
| 中国和印度管道天然气出口总额（单位：亿美元） | | | | | | | | | | |
| 中国出口总额 | 8.2 | 7.3 | 7.9 | 9.9 | 10.5 | 12.7 | 10.1 | 10.7 | 11.2 | 9.6 |
| 印度出口总额 | 0 | 0 | 0.2 | 0 | 0 | 0 | 0 | 0 | 0 | 0 |
| 中国和印度管道天然气进口总量（单位：万吨） | | | | | | | | | | |
| 中国进口总量 | 259.4 | 1036.6 | 1580.1 | 2007.4 | 2302.3 | 2468.4 | 2797.5 | 3043.2 | 3660.9 | 4365.5 |
| 印度进口总量 | 0 | 0 | 0 | 0 | 0 | 0 | 0 | 0 | 0 | — |
| 中国和印度管道天然气进口总额（单位：亿美元） | | | | | | | | | | |
| 中国进口总额 | 9.9 | 46.5 | 85.6 | 99.2 | 116.1 | 96.9 | 75.5 | 85.2 | 116.4 | 139.3 |
| 印度进口总额 | 0 | 0 | 0 | 0 | 0 | 0 | 0 | 0 | 0 | — |

资料来源：UNcomtrade及笔者计算整理，液化天然气HS商品编码271111，管道天然气HS商品编码271121。

### 5. 中印对外可再生能源贸易情况

中国和印度可再生能源进出口近年逐渐上升，两国均为风力发电设备净出口国，中国为光伏设备净出口国，印度为光伏设备净进口国，中国的可再生能源进出口规模大于印度（见表5.5）。具体来看，2010—2019年，中国风力发电设备对外出口量由4000吨上升至10.7万吨，出口额由6000万美元上升至9.5亿美元；印度风力发电设备对外出口量由9000吨下降至

5000 吨，出口额由 1.2 亿美元下降至 4000 万美元，两国差异较大。中国光伏设备对外出口量由 114.2 万吨上升至 447.4 万吨，出口额由 251.8 亿美元下降至 235.8 亿美元；印度光伏设备对外出口量缺少数据，出口额由 5.9 亿美元下降至 2.8 亿美元。

与此同时，2010—2019 年，中国风力发电设备对外进口量未超过 1000 吨，进口额由 1000 万美元上升至 1 亿美元后回落至 1000 万美元；印度风力发电设备对外进口量未超过 1000 吨，进口额未超过 1000 万美元。中国光伏设备对外进口量由 2.0 万吨上升至 3.4 万吨，进口额由 72.6 亿美元上升至 105.8 亿美元后回落至 71.7 亿美元；印度光伏设备对外进口量缺少数据，进口额由 3.0 亿美元上升至 45.4 亿美元后回落至 24.6 亿美元。总体来看，两国上升幅度均较大。

表 5.5　　中国和印度对外可再生能源贸易情况

| | 2010 年 | 2011 年 | 2012 年 | 2013 年 | 2014 年 | 2015 年 | 2016 年 | 2017 年 | 2018 年 | 2019 年 |
|---|---|---|---|---|---|---|---|---|---|---|
| 中国和印度风力发电设备出口总量（单位：万吨） | | | | | | | | | | |
| 中国出口总量 | 0.4 | 2.4 | 46.7 | 3.7 | 2.5 | 2.4 | 5.9 | 4.3 | 6.2 | 10.7 |
| 印度出口总量 | 0.9 | 0.3 | 0.3 | 0.6 | 0.7 | 0 | 0.1 | 0.2 | 0.4 | 0.5 |
| 中国和印度风力发电设备出口总额（单位：亿美元） | | | | | | | | | | |
| 中国出口总额 | 0.6 | 3.5 | 0 | 4.7 | 3.0 | 2.9 | 5.9 | 4.1 | 5.5 | 9.5 |
| 印度出口总额 | 1.2 | 0.4 | 0.4 | 0.8 | 0.8 | 0 | 0.1 | 0.2 | 0.3 | 0.4 |
| 中国和印度风力发电设备进口总量（单位：万吨） | | | | | | | | | | |
| 中国进口总量 | 0.1 | 0.1 | 0 | 0.1 | 0 | 0 | 0 | 0 | — | 0.1 |
| 印度进口总量 | 0 | 0.1 | 0 | 0 | 0 | 0 | 0.1 | 0 | 0 | 0 |

续表

| | 2010年 | 2011年 | 2012年 | 2013年 | 2014年 | 2015年 | 2016年 | 2017年 | 2018年 | 2019年 |
|---|---|---|---|---|---|---|---|---|---|---|
| 中国和印度风力发电设备进口总额（单位：亿美元） | | | | | | | | | | |
| 中国进口总额 | 0.1 | 0.1 | 0 | 0.1 | 0.1 | 0 | 0 | 0.5 | 1.0 | 0.1 |
| 印度进口总额 | 0 | 0.1 | 0 | 0.1 | 0 | 0 | 0.1 | 0.1 | 0 | 0 |
| 中国和印度光伏设备出口总量（单位：万吨） | | | | | | | | | | |
| 中国出口总量 | 114.2 | 151.1 | 144.6 | 135.0 | — | — | 173.5 | 210.9 | 285.4 | 447.4 |
| 印度出口总量 | — | — | — | — | — | — | — | — | — | — |
| 中国和印度光伏设备出口总额（单位：亿美元） | | | | | | | | | | |
| 中国出口总额 | 251.8 | 279.5 | 174.8 | 157.6 | 193.9 | 212.9 | 166.6 | 163.4 | 182.2 | 235.8 |
| 印度出口总额 | 5.9 | 3.3 | 1.1 | 2.0 | 1.7 | 1.5 | 1.3 | 1.4 | 1.2 | 2.8 |
| 中国和印度光伏设备进口总量（单位：万吨） | | | | | | | | | | |
| 中国进口总量 | 2.0 | 1.8 | 2.3 | 2.8 | — | — | 4.8 | 5.6 | 4.4 | 3.4 |
| 印度进口总量 | — | — | — | — | — | — | — | — | — | — |
| 中国和印度光伏设备进口总额（单位：亿美元） | | | | | | | | | | |
| 中国进口总额 | 72.6 | 80.1 | 78.7 | 89.9 | 104.0 | 105.8 | 90.9 | 93.1 | 92.0 | 71.7 |
| 印度进口总额 | 3.0 | 13.3 | 8.7 | 10.7 | 7.7 | 20.6 | 31.6 | 45.4 | 28.5 | 24.6 |

资料来源：UNcomtrade 及笔者计算整理，风力发电设备 HS 商品编码 850231，光伏设备 HS 商品编码 854140。

## （二）中印双边能源进出口情况

### 1. 中印双边原油贸易情况

2000 年以来，中印同为原油净进口国。中印之间的原油贸易主要呈现中国出口、印度进口的形式。随着中国原油出口量的不断萎缩，中印原油贸易在 2013 年之后停止。具体来看，2010—2012 年，中国原油对印度出口量分别为 24.9 万吨、56.2 万吨、53.8 万吨，出口额分别为 1.47 亿美元、4.73 亿美元、4.48 亿美元（见图 5.1）。

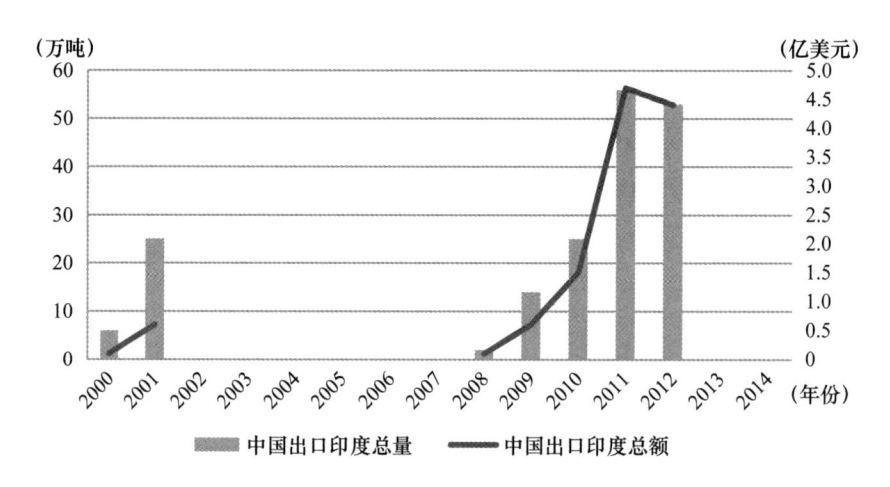

图 5.1 中国对印度原油出口情况

资料来源：UNcomtrade。

### 2. 中印双边石油制品贸易情况

中国和印度双边石油制品进出口近年逐渐上升，中国为双边石油制品贸易净进口国（见图 5.2）。具体来看，2010—2019 年，中国石油制品对印度出口量由 10.7 万吨下降至 10.4 万吨，出口额保持在 7000 万美元左右；印度石油制品对中国出口量由 40.4 万吨上升至 402.2 万吨，出口额由 3 亿美元上升至 20.3 亿美元，两国有降有升。

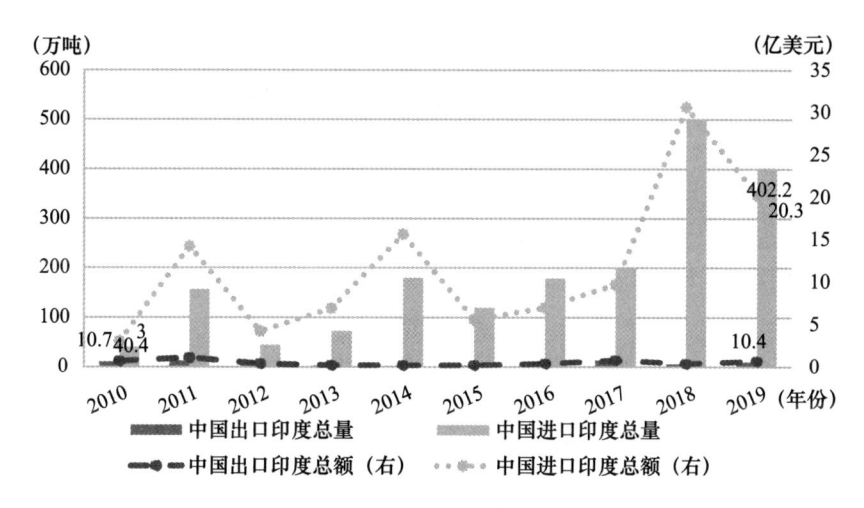

中印能源转型的现状与挑战 113

图 5.2 中国和印度双边石油制品贸易情况

资料来源：UNcomtrade 及笔者计算整理，HS 商品编码 2710。

### 3. 中印双边天然气贸易情况

中国和印度双边天然气进出口近年不活跃，中国为双边天然气贸易净进口国（见表 5.6）。具体来看，2010—2019 年，中国液化天然气对印度出口量均不足 1000 吨，出口额均不足 1000 万美元；印度液化天然气对中国出口量由不足 1000 吨上升至 3 万吨，出口额由不足 1000 美元上升至 2495.6 万美元，两国差异较大。

表 5.6　　　　　　中国和印度双边天然气贸易情况

| | 2010年 | 2011年 | 2012年 | 2013年 | 2014年 | 2015年 | 2016年 | 2017年 | 2018年 | 2019年 |
|---|---|---|---|---|---|---|---|---|---|---|
| 中国和印度双边液化天然气贸易总量（单位：万吨） | | | | | | | | | | |
| 中国出口印度总量 | 0 | 0 | 0 | 0 | 0 | 0 | 0 | 0 | 0 | 0 |
| 中国进口印度总量 | 0 | 0 | 0 | 0 | 0 | 0 | 0 | 0 | 0 | 3.0 |

续表

| | 2010年 | 2011年 | 2012年 | 2013年 | 2014年 | 2015年 | 2016年 | 2017年 | 2018年 | 2019年 |
|---|---|---|---|---|---|---|---|---|---|---|
| 中国和印度双边液化天然气贸易总额（单位：万美元） | | | | | | | | | | |
| 中国出口印度总额 | 0 | 0 | 0 | 0 | 0 | 0 | 0 | 0 | 0 | 0 |
| 中国进口印度总额 | 0 | 0 | 0 | 0 | 0 | 0 | 0 | 0 | 0 | 2495.6 |

资料来源：UNcomtrade 及笔者计算整理，HS 商品编码 271111。

### 4. 中印双边可再生能源贸易情况

中国和印度双边可再生能源进出口近年逐渐上升，中国为双边可再生能源贸易净出口国。具体来看，2010—2019 年，中国风力发电设备对印度出口量由 724.9 吨下降至 486.1 吨，出口额由 1011.9 万美元下降至 442.1 万美元；印度风力发电设备对中国出口量最高达 73.8 吨，出口额最高达 94 万美元，两国差异较大（见表 5.7）。中国光伏设备对印度出口量由 115.1 万吨上升至 2228.0 万吨，出口额由 1.0 亿美元上升至 18.1 亿美元；印度光伏设备对外出口量由 1.1 万吨下降至 3000 吨，出口额由 5000 万美元下降至不足 1000 万美元（见表 5.8）。

表 5.7  中国和印度双边风力发电设备贸易

| | 2010年 | 2011年 | 2012年 | 2013年 | 2014年 | 2015年 | 2016年 | 2017年 | 2018年 | 2019年 |
|---|---|---|---|---|---|---|---|---|---|---|
| 中国和印度双边风力发电设备贸易总量（单位：吨） | | | | | | | | | | |
| 中国出口印度总量 | 724.9 | 2053.6 | 76.9 | 81.8 | 20.1 | 141.0 | 242.4 | — | — | 486.1 |

续表

| | 2010年 | 2011年 | 2012年 | 2013年 | 2014年 | 2015年 | 2016年 | 2017年 | 2018年 | 2019年 |
|---|---|---|---|---|---|---|---|---|---|---|
| 中国进口印度总量 | 14.9 | 4.7 | 8.6 | 73.8 | 0 | 24.9 | 0 | 0 | 18.9 | 0 |
| 中国和印度双边风力发电设备贸易总额（单位：万美元） | | | | | | | | | | |
| 中国出口印度总额 | 1011.9 | 2977.2 | 104.8 | 104.3 | 24.7 | 171.8 | 302.6 | 500.4 | 166.4 | 442.1 |
| 中国进口印度总额 | 20.7 | 6.8 | 12.9 | 94.0 | 0 | 30.3 | 0 | 0 | 16.7 | 0 |

资料来源：UNcomtrade及笔者计算整理，HS商品编码850231。

表5.8　　　　　　　中国和印度双边光伏设备贸易

| | 2010年 | 2011年 | 2012年 | 2013年 | 2014年 | 2015年 | 2016年 | 2017年 | 2018年 | 2019年 |
|---|---|---|---|---|---|---|---|---|---|---|
| 中国和印度双边光伏设备贸易总量（单位：万吨） | | | | | | | | | | |
| 中国出口印度总量 | 115.1 | 164.5 | 223.8 | 286.2 | 342.3 | 681.7 | 1321.8 | 1623.4 | 2005.7 | 2228.0 |
| 中国进口印度总量 | 1.1 | 0.3 | 0.1 | 0.4 | 0.2 | 0.3 | 0.7 | 0.3 | 0.2 | 0.3 |
| 中国和印度双边光伏设备贸易总额（单位：亿美元） | | | | | | | | | | |
| 中国出口印度总额 | 1.0 | 5.2 | 2.5 | 7.7 | 5.8 | 14.7 | 25.8 | 39.2 | 23.5 | 18.1 |
| 中国进口印度总额 | 0.5 | 0 | 0 | 0 | 0 | 0.1 | 0.1 | 0 | 0 | 0 |

资料来源：UNcomtrade及笔者计算整理，HS商品编码854140。

## （三）挑战与前景

中国和印度作为全球两大发展中国家，能源对外依赖程度均较高。中国和印度两国是全球经济高速增长的国家，人口数量庞大、国内能源需求量大，是全球第二、第三大能源消费国，每年都需要从境外进口大量原油、煤炭、天然气和可再生能源。美国制裁使印度原油进口格局发生重大改变。自美国对伊朗实行制裁以来，印度原油进口格局发生重大改变。印度第三大原油供应方原是伊朗，当前从伊进口量大幅下跌。美国对委内瑞拉的制裁也加剧印度原油供应紧张状况。

印度与美国的能源贸易在 2020 年跃升 40%，达到 100 亿美元。越来越多的地缘政治不确定性，美国油气产量的增长以及印度对能源的无限需求，使两国将双边能源关系提升到一个新的水平。印度石油部部长达曼德拉·普拉丹（Dharmendra Pradhan）于 2019 年 10 月表示，随着全球第三大石油消费国寻求摆脱其传统的中东供应商，印度与美国的能源贸易在当年增长 40% 以上，达到 100 亿美元。印度于 2017 年 10 月开始从美国进口原油，并于 2018 年 3 月从那里进口了第一批液化天然气（LNG）。2019 年，美国原油的进口量增加了一倍，而新德里目前正在完成最大的长期液化天然气进口交易。在短期内，美国已成为印度十大原油来源之一，也是液化天然气的重要来源。对于美国来说，印度现在是其原油的第四大出口国，也是液化天然气的第三大出口国。印度公司已经在美国投资了石油和天然气资产，而且公司对在美国投资天然气资产的兴趣越来越大。

印度在中亚的能源外交可能会挑战中国的主导地位。对印度来说，中亚已经成为重要的优先事项，不仅因为印度将扩张目标对准中亚，而且因为中亚具有重大的经济、安全和能源优势。除了重振与中亚的战略和经济联系之外，印度还加入上海合作组织，旨在增强印度的能源安全目标。由于该地区拥有丰富的能源资源，上海合作组织于2006年提出成立上海合作组织能源俱乐部，以深化成员国之间的能源合作。哈萨克斯坦是中亚最大的石油和天然气生产国，它也主张建立"亚洲能源战略"，采取全面的能源安全措施，这会对能源效率和环境保护产生更大的推动作用，与此同时，在中亚地区中印也会面临能源进口方面的竞争。

印度在2022年将天然气在能源结构中的份额从6%（2016年）提高到15%，中印天然气产品的进口争夺更加激烈。目前，印度天然气供应的一半来自国内生产，另一半来自进口液化天然气（LNG），但行业专家预计，到2025年，需求的增长将需要30%的国内LNG供应商与70%的进口LNG供应商合作。根据未来需求，印度扩大了其国际供应商范围并签订了长期供应商合同，但现在面临着建立天然气基础设施，并在广泛的地理区域内分配天然气的挑战。目前，印度在其西海岸拥有四个正在运营的LNG接收站，还有更多在线投产。超过16500千米的管道正在运行，另外还有11条将近900千米管道正在建设。现有的城市燃气配送（CGD）网络覆盖了印度11%的地理区域和19%的人口。即将到来的项目打算将覆盖范围扩大到印度35%的地理区域和49%的印度人口。2019年10月，沙特承诺在未来两年里向印度投资1000多亿美元，与印度信实集团一道打造世界级的石油天然气下游产业链。中国作为天然气进口大国，将难以避免与印度竞争。

中印光伏产品贸易摩擦不断，印度不时对中国光伏产品进口实施反倾销。2014年，印度总理莫迪上台，推出了"国家太阳能计划"：计划到2022年，实现太阳能装机容量100吉瓦，2030年超过300吉瓦。这主要是在中国企业帮助下完成的。2017年，印度排名前十的光伏供应商中，有7家来自中国；2018年，中国出口印度的光伏装机总量为6.7吉瓦，占七成以上。但印度企业却认定中国在搞倾销。2018年，在经历反复拉锯后，印度正式宣布对中国、马来西亚的光伏产品征收25%的关税。但搞"双反"、征重税，对印度光伏制造业没有帮助，90%的光伏组件该进口还是要进口。区别在于，进口来源地转向了越南、新加坡、泰国——它们仍是中国光伏产品的合作地。与此同时，印度政府越来越关注促进太阳能组件的国内制造，以提振太阳能产业，减少对中国进口产品的依赖。

# 六 中国和印度对外能源投资比较*

中印两国能源需求巨大，油气资源禀赋贫乏，在能源技术、设备制造、基础设施建设和投融资领域，具有较强的互补性。中国对印度的能源投资基本采取绿地投资模式，高度集中于发电行业，化石能源行业投资规模较小。中国企业在印度的能源投资，不仅面临着投资环境、电力和煤炭供应的充足性、基础设施的可获得性、政策稳定性和社会治安等共性挑战，而且存在着双边政治互信高度不足以及边境对峙事件时有发生的个性风险。

## （一）印度对外直接投资状况

印度对外直接投资起步较早，一些公司在20世纪60年代便已经在伊朗、肯尼亚、斯里兰卡等国建立合资企业。进入21世纪，印度对外投资进入快速发展阶段。如图6.1所示，印度在2006—2011年经历过一段对外投资热潮，其中2008年对外直接投资总量达211亿美元，创历史新高。随后由于受到国际收支逆差、卢比贬值等因素影响，规模有所缩减。

---

\* 本部分作者王永中，中国社会科学院世界经济与政治研究所研究员；王靖茹，对外经济贸易大学金融学院硕士研究生。

2017—2019 年，印度对外直接投资规模再次呈现缓慢上涨趋势，保持在 120 亿美元上下波动。而中国虽然对外直接投资起步较晚，但在规模上已远超印度，跻身对外投资大国行列。2008—2016 年，中国对外投资呈现稳步上涨趋势，2016 年对外投资规模达 1961 亿美元，位列全球第二名。2017—2019 年，中国投资流量虽有轻微下降趋势，但仍在世界范围内名列前茅。

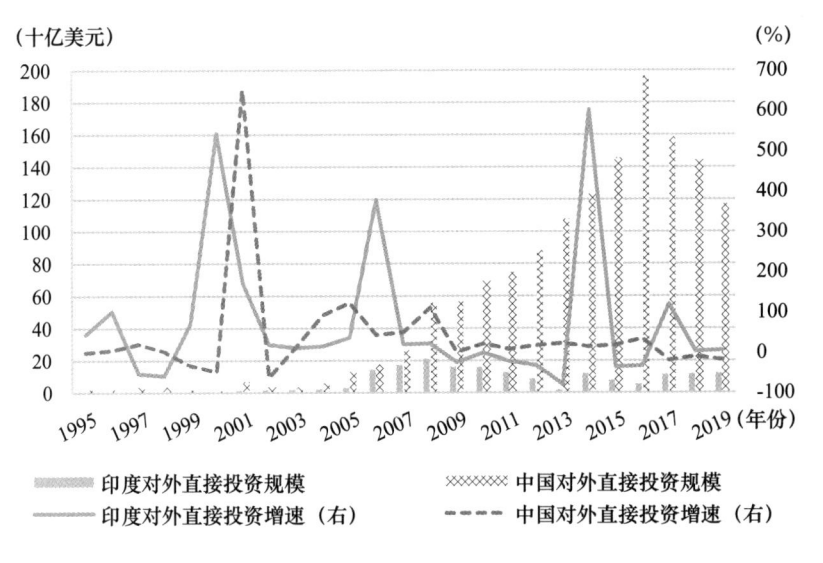

图 6.1 印度和中国的对外直接投资规模和增速

资料来源：UNCTAD。

2019 年，印度对外投资流量位列全球第 24 名。但与全球跨境投资的总体水平相比，印度对外直接投资存量规模仍然较小，其对外直接投资存量占 GDP 的比率也远低于发展中国家平均水平，且两者之间差距有扩大趋势（见图 6.2）。2019 年，印度对外直接投资存量占 GDP 的比率为 5.84%，同年世界平均水平、发展中经济体和发达经济体的这一比率分别为 39.81%、22.81% 和 56.62%，因此，未来印度对外投资仍有较大增长潜力。

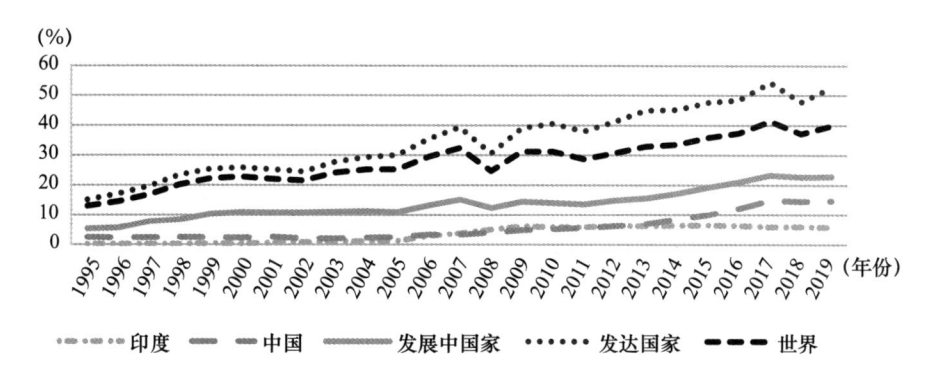

**图 6.2 各经济体对外直接投资存量占 GDP 的比率**

资料来源：UNCTAD。

在对外投资区位分布上，印度经历了由周边国家、其他发展中国家到发达国家过渡的发展规律。过去十年间，印度对外直接投资主要流向新加坡、毛里求斯、美国、阿联酋和英国，合计约占其对外直接投资额的 60%。印度与新加坡的经济文化联系密切，自 2005 年签订"全面经济合作协定"（CECA）以来，两国资本流动与经贸往来日渐频繁，新加坡已成为印度资本输出的重要目的地。① 凭借英语语言优势和高新技术产业所累积的技术优势，近年来印度对欧美等发达国家的直接投资也日益活跃，美国已成为其第二大资本目的地国。② 由表 6.1 可知，2010—2019 年，印度对新加坡、毛里求斯和美国的累计投资额分别达 579.27 亿美元、493.87 亿美元和 257.60 亿美元，所占的份额分别达 21.1%、18.0% 和 9.4%；对阿联酋和英国投资规模相近，累计投资额分别为 154.48 亿美元、141.16 亿美元，份额分别为 5.63%、5.14%；对中国的投资规模小，仅为 5.77 亿

---

① 沈德昌：《冷战后印度—新加坡关系透析》，《南亚研究季刊》2011 年第 2 期。

② 周杰：《印度对外直接投资的特点、作用及对中国的启示》，《南亚研究季刊》2012 年第 1 期。

美元，约占其对外投资额的1%。

表6.1　　　　　印度对外直接投资主要国家　　　　（单位：亿美元）

|  | 新加坡 | 毛里求斯 | 美国 | 阿联酋 | 英国 | 中国 |
|---|---|---|---|---|---|---|
| 2010年 | 120.72 | 113.86 | 20.87 | 18.09 | 6.91 | 0.49 |
| 2011年 | 71.85 | 78.35 | 17.84 | 13.41 | 16.75 | 0.42 |
| 2012年 | 41.84 | 55.09 | 29.43 | 14.63 | 12.54 | 0.44 |
| 2013年 | 48.32 | 38.50 | 23.88 | 17.98 | 16.47 | 0.27 |
| 2014年 | 64.11 | 55.04 | 18.01 | 14.50 | 5.62 | 0.51 |
| 2015年 | 52.77 | 38.09 | 30.01 | 15.40 | 7.79 | 0.81 |
| 2016年 | 56.09 | 47.11 | 22.85 | 24.64 | 20.96 | 0.52 |
| 2017年 | 55.55 | 25.82 | 39.78 | 11.55 | 21.80 | 1.58 |
| 2018年 | 26.24 | 27.05 | 31.77 | 14.99 | 19.84 | 0.48 |
| 2019年 | 41.77 | 14.96 | 23.16 | 9.28 | 12.48 | 0.26 |
| 总计 | 579.27 | 493.87 | 257.60 | 154.48 | 141.16 | 5.77 |

资料来源：CEIC。

印度对外投资的动机主要在于为其成熟行业的产品开拓海外市场，增加海外市场销售收入，故其对外直接投资主要配置于制造业、金融业和批发零售行业，这些行业占2010—2019年投资总额的比例分别为28.6%、20.5%和11.7%，合计占总投资的份额达60.8%（见表6.2）。印度对外制造业投资集中于医疗设备、制药业、自动化和纺织等行业，与之相联系，印度大型跨国公司也多分布于这些行业。印度对外农业与采矿业的投资规模较少，约占总投资额的10%，且自2014年达到峰值后逐渐开始下滑，2019年仅为13.4亿美元。

对东道国而言，跨国并购活动的特点是将本国现有资产出售给外国公司，而绿地投资是外国企业在本国设立新的工厂，建设新的基础设施，创造新的就业机会，因此后者更受欢迎。近年来，印度对外并购规模大幅下滑，绿地投资规模不断上涨。

表6.2　印度对外直接接投资的行业结构

(单位：亿美元，%)

| | 制造业 | | 金融、保险 | | 批发零售、餐饮 | | 农业及采矿业 | | 建筑业 | |
|---|---|---|---|---|---|---|---|---|---|---|
| | 规模 | 份额 | 规模 | 份额 | 规模 | 份额 | 规模 | 份额 | 规模 | 份额 |
| 2010年 | 138.0 | 34.1 | 55.4 | 13.7 | 22.4 | 5.5 | 0 | 0 | 5.4 | 1.3 |
| 2011年 | 94.2 | 27.8 | 73.2 | 21.6 | 42.4 | 12.5 | 3.9 | 1.1 | 35.6 | 10.5 |
| 2012年 | 98.1 | 38.3 | 52.4 | 20.5 | 23.2 | 9.1 | 9.9 | 3.9 | 17.0 | 6.7 |
| 2013年 | 88.9 | 30.1 | 37.2 | 12.6 | 35.1 | 11.9 | 32.5 | 11.0 | 18.2 | 6.1 |
| 2014年 | 86.0 | 22.5 | 44.7 | 11.7 | 26.7 | 7.0 | 87.2 | 22.8 | 16.1 | 4.2 |
| 2015年 | 68.9 | 30.6 | 53.9 | 24.0 | 32.4 | 14.4 | 29.2 | 13.0 | 11.6 | 5.2 |
| 2016年 | 68.3 | 26.7 | 61.0 | 23.9 | 41.7 | 16.3 | 47.0 | 18.4 | 10.0 | 3.9 |
| 2017年 | 49.3 | 23.4 | 55.6 | 26.3 | 27.3 | 12.9 | 28.9 | 13.7 | 7.8 | 3.7 |
| 2018年 | 49.2 | 26.7 | 42.7 | 23.2 | 24.0 | 13.0 | 19.8 | 10.8 | 15.2 | 8.3 |
| 2019年 | 48.7 | 25.7 | 52.5 | 27.8 | 27.5 | 14.5 | 13.4 | 7.1 | 26.2 | 13.8 |
| 总计/平均 | 789.6 | 28.6 | 528.6 | 20.5 | 302.6 | 11.7 | 271.8 | 10.2 | 163.1 | 6.4 |

资料来源：CEIC。

2018年，印度对外绿地投资总额为150亿美元，跨境并购总额为34亿美元，后者仅为前者的23%。

印度对外直接投资以私营企业为主。大型跨国公司如塔塔集团、信实工业公司、威普罗公司等都是民营企业。一方面是因为印度私营经济比较成熟，另一方面也是因为私人企业的对外投资更易被东道国所接受。此外，印度中小企业在对外直接投资中的地位越发重要，特别是在软件服务行业，中小企业所占的对外投资份额约占一半左右。

## （二）印度对外能源投资状况

随着印度经济的不断发展，其能源需求不断扩大。由于国内油气资源禀赋贫乏且质量欠佳，印度能源供需缺口较大，油气对外依存度不断提高，2019年石油、天然气对外依存度分别达84.5%、54.9%（见表6.3）。2011—2019年，印度年均能源消费增长率为4.48%，远高于世界平均水平。预计到2035年，印度将成为最大煤炭进口国、第二大石油进口国和第四大天然气进口国。为满足国内能源需求和提升能源安全，除大量进口产品油外，印度企业还积极投资海外能源，以获取低廉和稳定的能源资源。

从印度对外能源投资方式看，绿地投资占主导地位。平均来看，除个别年份能源并购规模远超绿地投资外，印度对外能源绿地投资规模略大于并购，且近年来跨境并购的规模和项目数均大幅减少，绿地投资成为主要投资方式。印度对外能源绿地投资规模较大，波动幅度也同样较大。印度对外能源绿地合同投资规模先从2005年14.9亿美元急剧上涨至2006年144.9亿美元，而后呈现下降趋势，2013年回落至14.0亿美元，近年来再次呈现上涨趋势，占其对外绿地投资规模的份额基本恢复至前期水平。2003—2017年，印度对外

表 6.3　印度化石能源的消费、生产和对外依存度状况

| | | 2011年 | 2012年 | 2013年 | 2014年 | 2015年 | 2016年 | 2017年 | 2018年 | 2019年 |
|---|---|---|---|---|---|---|---|---|---|---|
| 石油 | 消费量（百万吨） | 164.02 | 174.63 | 176.33 | 181.94 | 197.00 | 217.71 | 225.68 | 235.10 | 241.97 |
| | 生产量（百万吨） | 42.88 | 42.55 | 42.47 | 41.64 | 41.17 | 40.22 | 40.44 | 39.55 | 37.48 |
| | 对外依存度（%） | 73.9 | 75.6 | 75.9 | 77.1 | 79.1 | 81.5 | 82.1 | 83.2 | 84.5 |
| 天然气 | 消费量（百万吨油当量） | 51.84 | 47.89 | 42.15 | 41.70 | 41.11 | 43.67 | 46.20 | 49.95 | 51.32 |
| | 生产量（百万吨油当量） | 36.92 | 32.04 | 26.71 | 25.24 | 24.20 | 22.86 | 23.81 | 23.64 | 23.14 |
| | 对外依存度（%） | 28.8 | 33.1 | 36.6 | 39.5 | 41.1 | 47.7 | 48.5 | 52.7 | 54.9 |
| 煤炭 | 消费量（百万吨油当量） | 304.63 | 329.99 | 352.78 | 387.54 | 395.27 | 402.61 | 416.95 | 443.24 | 444.73 |
| | 生产量（百万吨油当量） | 250.68 | 255.05 | 255.73 | 269.45 | 281.01 | 283.91 | 286.31 | 305.71 | 304.06 |
| | 对外依存度（%） | 17.7 | 22.7 | 27.5 | 30.5 | 28.9 | 29.5 | 31.3 | 31.0 | 31.6 |

资料来源：*BP Statistical Review of World Energy 2020*。

能源绿地投资规模占其对外绿地投资总额的比重的平均值为57.15%（见图6.3）。这与印度自身能源禀赋欠佳，积极拓展海外能源投资渠道有关。

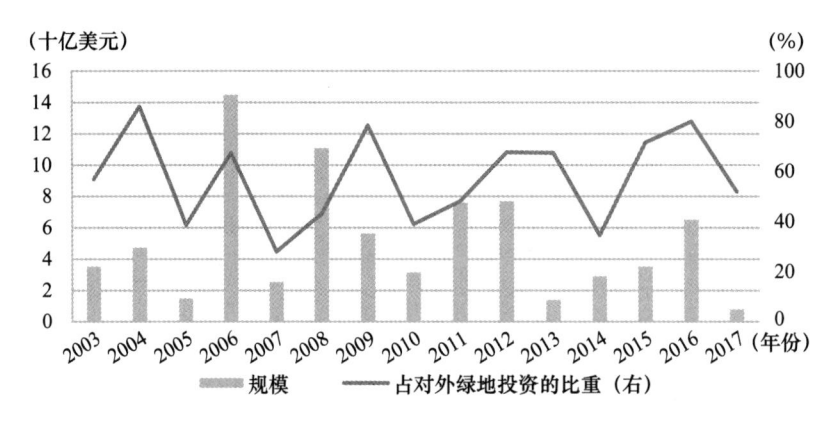

**图6.3　印度对外能源绿地合同投资的规模和份额**
资料来源：FDI Intelligence。

鉴于部分跨境并购项目缺少金额数据，我们从投资规模和项目数量两个角度分析印度对外能源并购投资。印度对外能源并购投资的规模和项目数量呈现相似特征。从并购规模上看，印度对外能源并购活动经历过一段热潮，在2011年急速增长至326.3亿美元，随后大幅下跌至2012年的53.3亿美元，此后呈现缓慢下跌的趋势（见图6.4）。从项目数量上看，印度企业并购热情在2008年达到顶峰后逐渐衰减，2017年后极少有印度公司以并购方式投资能源行业。值得注意的是，印度对外能源并购项目数量占其境外并购项目总数的比例基本保持在20%上下波动，但其境外并购投资规模占总跨境并购规模的比例波动十分剧烈（见图6.5）。这说明，能源行业境外并购项目的资金规模差异大，个别大型项目的出现会导致并购规模大幅波动。

印度能源对外绿地投资主要流向亚洲、非洲和大洋洲，2019年其合同投资存量对三大洲分别为369.4亿美元、206.2

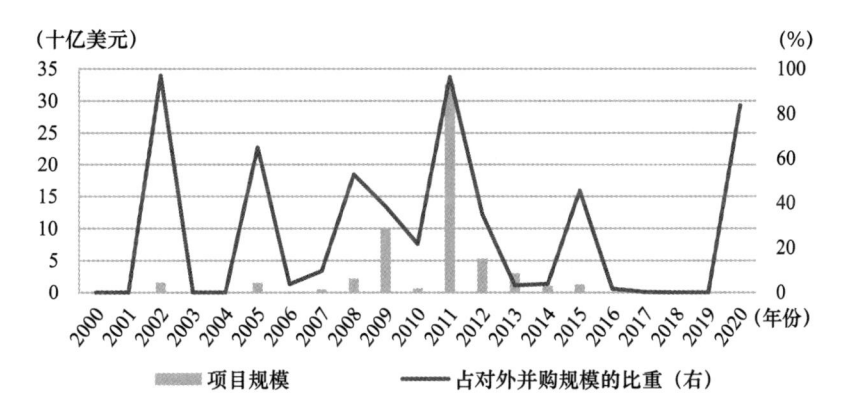

图6.4 印度对外能源并购投资的金额及其份额

资料来源：BVD。

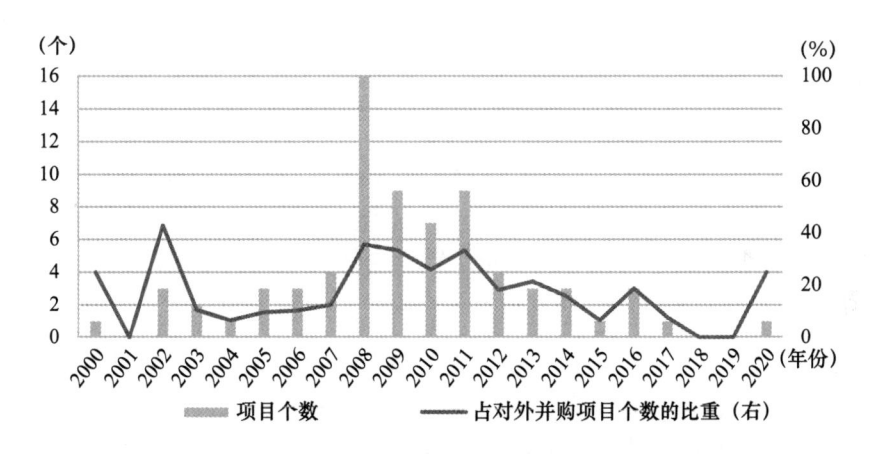

图6.5 印度对外能源并购项目的数量及其份额

资料来源：BVD。

亿美元和118.2亿美元（见图6.6）。2019年，印度对外能源绿地投资规模前十的目的国依次为澳大利亚、阿联酋、尼日利亚、土耳其、莫桑比克、孟加拉国、伊朗、印度尼西亚、南非和伊拉克，占印度对外能源绿地投资的75.3%。这表明，印度对外能源绿地投资在国家分布上较为集中。

在亚洲范围内，印度的对外能源绿地投资主要流向石油和天然气资源丰富的西亚，占其在亚洲投资的六成以上。印度与

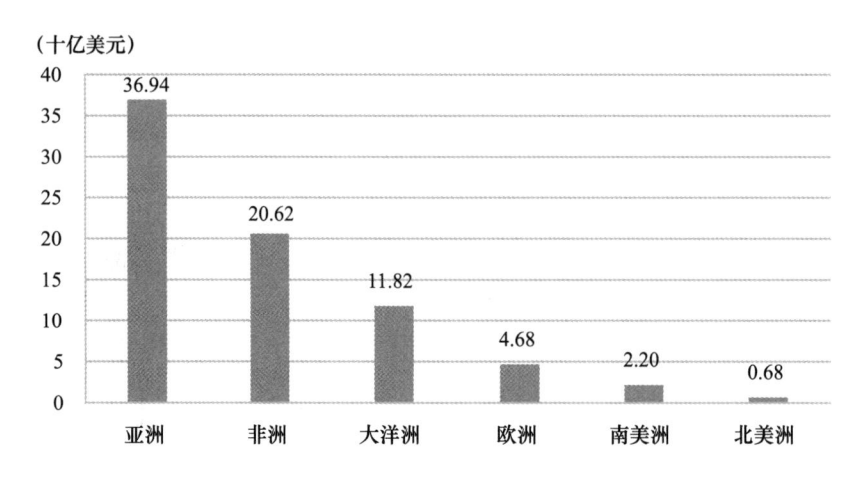

```
(十亿美元)
40  36.94
35
30
25
20       20.62
15
10           11.82
 5               4.68
                      2.20
 0                         0.68
 亚洲  非洲  大洋洲  欧洲  南美洲  北美洲
```

**图 6.6　印度对外能源绿地投资的区位分布**

资料来源：FDI Intelligence。

西亚能源往来已久，经贸密切的国家包括阿联酋、土耳其、伊朗等。考虑到印度未来仍以化石燃料为主要能源，西亚将继续成为印度能源投资的主要目的地。除西亚外，南亚也是印度重要的能源投资地，该地区拥有较丰富的天然气、铀资源。印度积极与孟加拉国、斯里兰卡等国开展天然气合作。

过去十年间，印度与非洲能源合作愈加紧密，不仅增加了合作国家数量，也拓宽了能源投资领域。其中，尼日利亚是印度最重要的投资目的地，占印度对非洲地区能源绿地投资的40.2%。尼日利亚是非洲资源大国，已探明的天然气储量居非洲第一、世界第八，石油储量居非洲第二、世界第十。尼日利亚也是印度在非洲最大的能源贸易国，2016年印度从尼日利亚进口了近2370万吨原油，占印度总进口量的近12%。[①] 此外，位于非洲西南部的纳米比亚是世界重要的产铀国，占全球10%的铀产量。作为贫铀国，印度也积极在纳米

---

① 《中国、印度都准备与尼日利亚进行油气合作》，2016年11月1日，搜狐科技，https：//www.sohu.com/a/117894594_505855。

比亚开展铀的勘探和开发工程，以支持国内核电的进一步发展。

澳大利亚是印度对外能源绿地投资规模最大的目的地，2019年合同投资存量高达118.15亿美元。除传统化石能源外，印度企业还积极在清洁煤技术、可再生能源、LNG（液化天然气）和清洁燃料二乙醚等多领域对澳大利亚开展投资。

印度对外能源并购资金主要流向北美洲、非洲和欧洲（见图6.7），分别占其能源对外并购规模的60.8%、16.6%和12.5%。2000—2020年，印度的前五大能源并购目的国依次是美国、莫桑比克、英国、加拿大和澳大利亚。从项目数量上看，排名前五大目的国依次是印度尼西亚、南非、英国、澳大利亚和莫桑比克。这两个排名存在一定差异。原因在于，一是部分项目规模数据缺失，二是并购项目规模存在较大差距。

印度企业在北美洲的并购活动集中在美国、加拿大，累计投资规模分别达297.1亿美元、62.0亿美元。其中，2011年印度信实集团出资274.6亿美元收购了美国瓦莱罗能源公司（以下简称"瓦莱罗能源"），这是2000年以来印度最大的对外能源并购活动。瓦莱罗能源主要从事石油精炼服务，是北美最大的炼油企业。通过此次并购活动，信实工业在实现拓展海外市场的同时，显著提升了其石油精炼技术。

印度在非洲地区的能源并购投资主要以获取能源供应为主要目的，莫桑比克和南非是最大的投资目的地。莫桑比克拥有丰富的煤炭和天然气资源，且大部分尚未开采，印度企业在该国的并购投资围绕煤炭企业展开，先后收购了五家煤炭企业，涉及焦化、煤炭开采等领域。印度在欧洲地区的能源并购投资集中于英国，累计规模达64.5亿美元，占其在欧洲并购规模的87%。印度企业还在英属海外领地，如在开曼群岛、英属维尔京群岛和百慕大群岛等地开展能源并购活动，以获得避税港的税收优惠和监管便利。

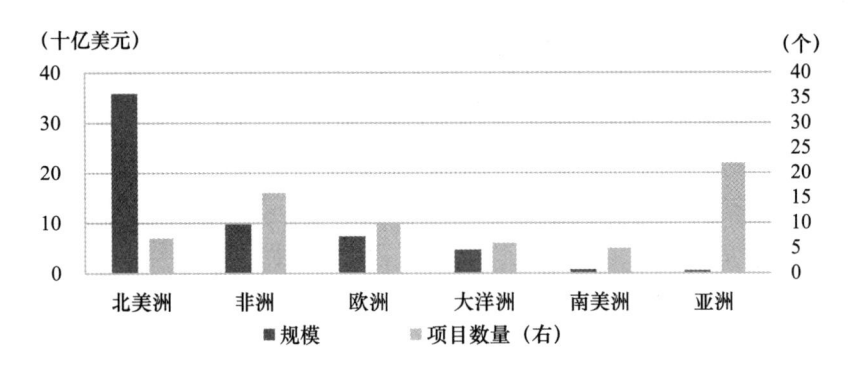

图 6.7　印度对外能源并购投资的区域分布

资料来源：BVD。

## （三）中印相互投资状况

作为具有巨大增长潜力的新兴经济体，中国、印度分别是世界上第二、第三大最受青睐的全球外商直接投资（FDI）目的国。相较于中印之间蓬勃发展的双边贸易，两国之间的直接投资规模仍然较小，且印度对中国的直接投资规模远小于中国对印度的投资。

### 1. 中国对印度的直接投资

从中国对印度直接投资存量来看，2003—2019年投资规模整体呈上升趋势，2010年后进入高速增长阶段，并伴有小幅波动（见图6.8）。2017年，中国对印度的投资存量创历史新高，为47.5亿美元，但这一数额仅占中国对外直接投资存量的0.18%，随后有所回落。从投资流量上看，中国对印度投资规模虽有波动，但整体呈现缓慢上升趋势。2019年，中国投资流量为5.34亿美元，明显高于前几年的投资水平。从经济结构互补性和增长潜力角度看，中国对印度的直接投资具有一定的增长空间，但中印边境争端和印度对中国资本采取的限制措施，限制了中国对印度投资的增长空间。

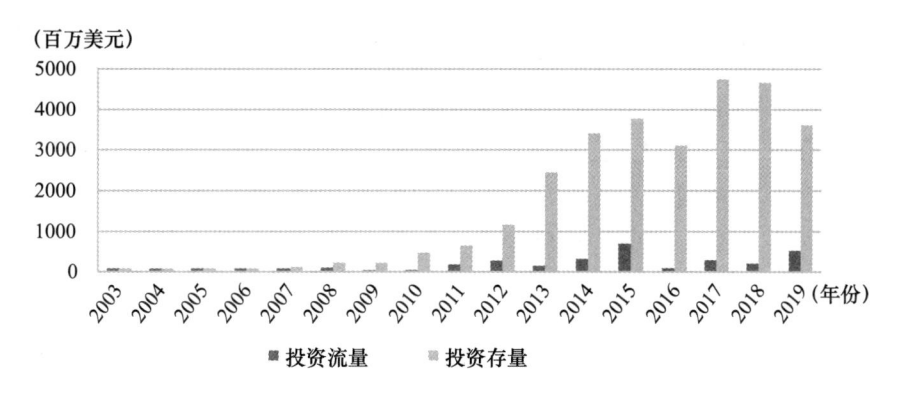

**图 6.8　中国对印度的直接投资规模**

资料来源：CEIC。

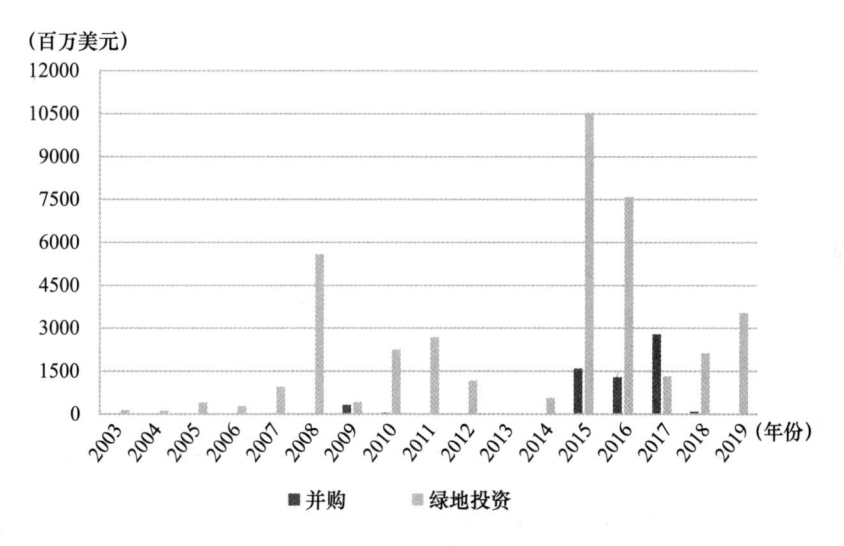

**图 6.9　中国对印度的并购投资和合同绿地投资**

资料来源：Dealogic 和 FDI Intelligence。

中国对印度的直接投资以绿地投资为主，其中大部分资金用于新建工厂，较少采取设立研发中心、开发资源的投资方式。近年来，中国对印度的绿地投资规模总体上增长迅速，但波动较大。中国对印度绿地投资在 2008 年、2015—2016 年出现过两次热潮，合同规模分别为 55.9 亿美元和 181.3 亿美元。2017

年，中国对印度绿地投资合同规模断崖式下跌至13.2亿美元。2017—2019年，中国对印度绿地投资再次呈现稳步上涨趋势。跨国并购虽然是中国企业对外直接投资的主要方式，但对印度企业的并购较少，且近年来大幅缩减（见图6.9）。2017年中国以并购方式向印度投资27.5亿美元，其中复星医药以10.9亿美元收购印度药企GlandPharma约74%的股权，这也是近年来中印之间最大的并购活动。2003—2017年，中国企业对印度企业的并购投资规模累计为61.3亿美元，而绿地投资合同规模达340.8亿美元，前者不足后者1/5。

总体来看，中资主要流向印度的制造业和建筑业，投资领域相对集中。2019年，中国对印度制造业和建筑业的投资总额约占当年对印度投资总流量的70%。具体来看，中国企业对印度并购和绿地投资的细分行业结构略有不同。跨境并购主要涉及软件、制药和医学制造等印度有竞争优势的行业，说明中国对印并购投资的主要动机是技术寻求型，目的是获取印度先进的软件和医药技术；而绿地投资则集中于能源、计算机技术及电子产品、工程建设、运输设备等印度不具备竞争优势的行业，主要动机是市场寻求型，目的在于充分利用印度劳动力成本低的优势提升国际竞争力，扩大市场份额，提高投资收益。

### 2. 印度对中国的直接投资

印度对中国直接投资规模较小，无论是存量还是流量均远低于中国对印度的直接投资。从存量上看，印度对中国直接投资整体规模呈波动上升状态，其中2017年出现迅猛增长态势，直接投资存量达8.50亿美元，随后回落至2018年的2.71亿美元。从投资流量上看，2003—2016年，印度对中国投资水平较为平稳，年平均投资额为0.45亿美元。2017年，印度对中国投资流量激增至1.57亿美元，但仍仅占当年印度对外直接投资额的0.75%

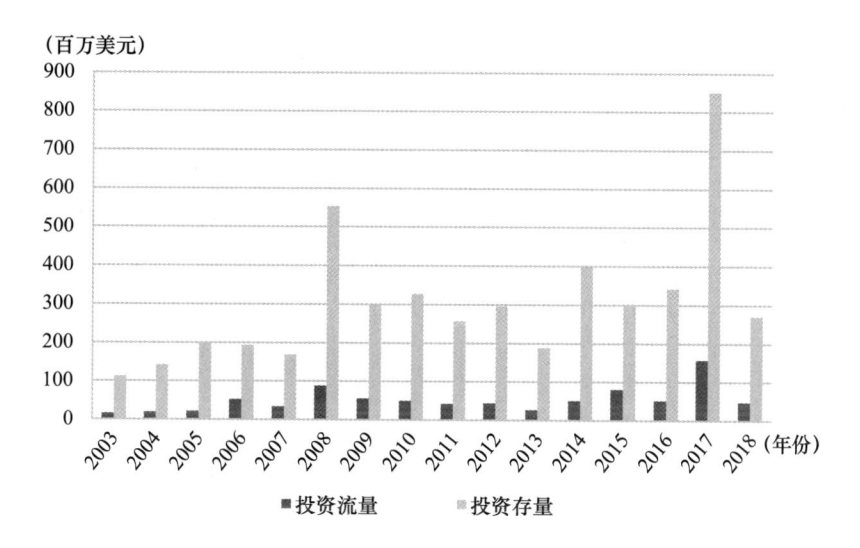

**图 6.10　印度对中国的直接投资规模**

资料来源：CEIC。

（见图6.10）。无论从投资存量还是投资流量看，印度对中国投资呈现缓慢上升趋势的特征，未来或仍将保持缓慢增长态势。

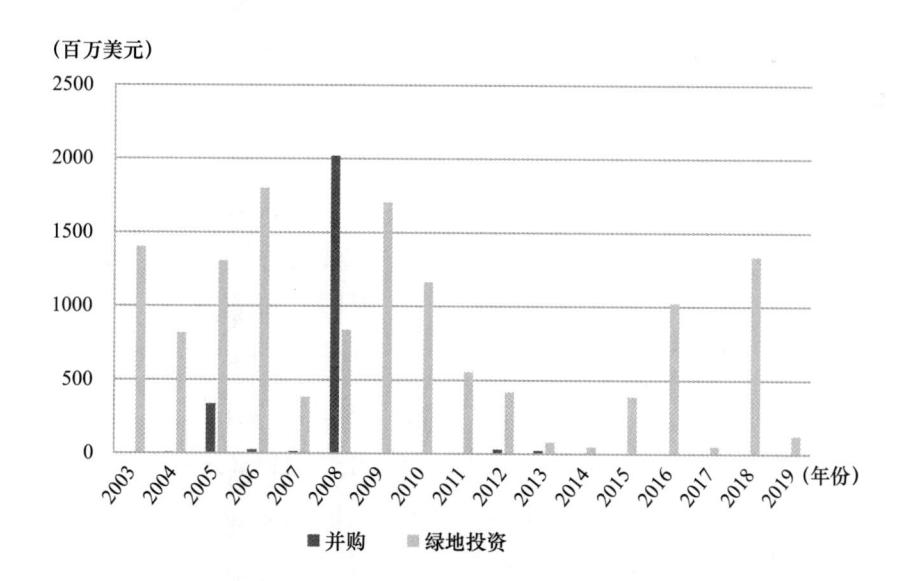

**图 6.11　印度对中国的并购和合同绿地投资**

资料来源：Dealogic 和 FDI Intelligence。

印度对中国直接投资同样以绿地投资为主，并购为辅。2014年以来，印度在中国的绿地投资规模大体呈上升趋势，但各年份的投资规模波动幅度大（见图6.11）。2018年，印度对中国的合同绿地投资规模达13.4亿美元，但在2019年骤降至1.2亿美元。2008年以后，印度企业极少以并购方式向中国企业投资，特别是在2014—2019年没有并购项目发生。2003—2019年，印度对中国的累计并购投资价值24.72亿美元，合同绿地投资价值134.56亿美元，前者仅为后者的18.4%。

从行业结构看，印度在中国绿地投资较为集中，资金主要流向汽车设备及零部件制造、金融服务、IT、软件开发、建材制造等行业，约占合同绿地总投资的70%。印度企业在中国并购投资的行业分布较广，包括货运代理、仓储服务、制药、软件开发、纺织和汽车零部件制造等多个行业。

## （四）中印相互能源直接投资状况

作为两个最具潜力和规模最大的新兴经济体，中印两国对能源的需求增长潜力巨大。根据英国石油公司2017年发布的能源展望报告，中印两国将占据全球能源需求增长的"半壁江山"，且印度能源需求增长速度快于中国，2035年将取代中国成为能源需求增长最大的市场。中印两国在能源禀赋上呈现相似的特征，均为禀赋资源匮乏，能源供给缺口较大，油气资源较大程度依赖于进口。在能源结构方面，中印两国差异较大，中国在燃煤火电、太阳能、电网、核能等能源的技术和设备制造领先于印度，且资金实力和工程施工能力显著强于印度，而印度在能源信息化管理和企业国际化程度方面处于领先地位。

中国企业对印度能源行业的投资起步较晚，绝大部分项目以绿地投资的方式展开，极少出现跨国并购的方式。过去20年间，仅有两例并购项目，分别发生于2012年和2016年，且规模均较小。绿地投资则项目数量较多且规模较大，但时间分布高度集中。2003—2019 年，中国对印度能源绿地投资项目 34 项，累计合同额达 121.5 亿美元，共创造约 7000 个新岗位。其中，2015 年中国对印度能源绿地投资出现井喷式增长，共计 16 个项目，合同投资额达 93.3 亿美元，占当年中国对印度绿地投资合同总额的 88.5%（见图 6.12）。这与当年印度总理莫迪访华，积极推进两国光伏风电等可再生能源合作、鼓励中资企业投资印度能源行业密切相关。

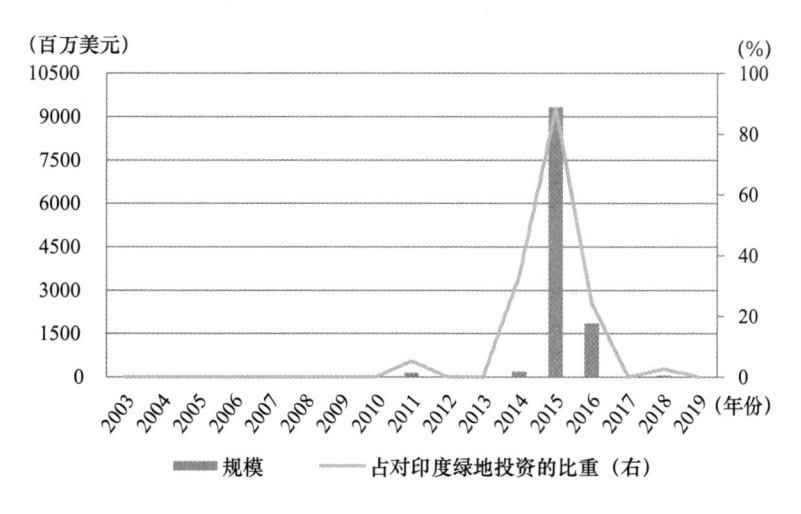

图 6.12 中国对印度能源绿地投资的合同价值和份额
资料来源：FDI Intelligence。

中国对印能源投资高度集中于发电行业，而石油、煤炭产品投资规模较小（见图 6.13）。截至 2019 年，中国对印度能源投资合同额达 121.5 亿美元，其中发电行业 101.0 亿美元，所占份额为 83.0%，电气设备及电力传输等 20.3 亿美元，占比为 16.7%，此外还有少部分资金投入石油和煤炭行业。据美国 EIA 报告显示，有近 25% 的印度居民缺乏基本的电力供应，因此集中于发电行业的投资结构与印度电力长期短缺的实际情况基本吻合。特别是在光伏发电和风电领域，中国的技术先进，设备

(百万美元)

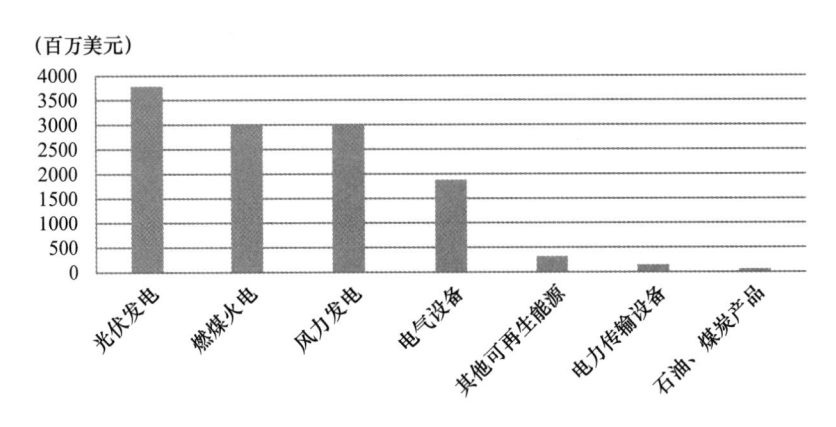

图 6.13　2003—2019 年中国对印度能源行业投资规模排序

资料来源：Dealogic 和 FDI Intelligence。

成本较低，而印度虽有较丰富的太阳能和风能资源，但光伏和风能设备制造业发展较为薄弱。此外，为鼓励中国光伏企业积极入驻产业园，莫迪政府专门设立了以新能源领域为主题的高层工业园区，提供土地等配套条件。截至 2019 年年末，中国对印度光伏发电、风电项目的合同投资额为 37.8 亿美元和 30.0 亿美元，占中国对印能源投资的 31.1% 和 24.7%。

中国对印度的一些大型能源投资项目主要涉及清洁能源发电、设备制造、电网和基础设施工程。例如，三一集团在印度已拥有 400 万千瓦风电资产，并计划 2016—2020 年在印度追加投资 30 亿美元，滚动建设 2000 兆瓦的风力发电站，预计将为印度年均新增发电 48 亿千瓦时，创造 1000 个就业岗位。正泰集团计划 2016—2020 年向印度投资 16 亿美元，建设 150 万千瓦光伏电站，预计年均发电 24 亿千瓦时，年均减少二氧化碳排放 180 万吨。协鑫集团与印度工业公司 Adani 在 Mundra 经济特区建设光伏综合产业园区。阿特斯（中国）公司与印度 Sun Group 合作建设 5 吉瓦光伏电站并生产光伏组件。中国华能集团计划在古吉拉特邦投资 30 亿美元，建立 4000 兆瓦的燃煤电厂。中电集团 2015 年斥资 180 亿印度卢比（27 亿港元），在印度新增 200 兆瓦风电项目。特变电工在印度投资额达 1.45 亿美元，在印度拥有特高压研发、生产基地，是其首个境外科技研发制造基地。中国石油管道局先后承建印度 1366 千米的东气西输管道工程和 302 千米沙普天然气管道工程，在印度能源基建工程市场建立起了良好声誉。

印度对中国的能源投资发生时间均较早且项目数量较少。截至 2019 年，印度以并购方式向中国能源行业投资共计 2 项，累计规模 20.31 亿美元，分别在 2005 年和 2008 年；绿地投资项目共计 5 项，但规模均较小，累计合同投资金额 7.43 亿美元，共创造约 750 个新岗位，主要集中于 2005—2007 年。如图 6.14 所示，2008 年印度以并购方式投资中国能源企业 20 亿美元，占当年其对中国并购总额的 99.03%。2008 年，海湾国家巴林最大的投资银行雅卡（Arcapita）和印度塔提（Tanti）集团旗下的苏斯隆以 20 亿美元共同收购了中国风能开发企业宏腾能源（北京）有限公司的大部分股权，计划在中国内蒙古地区开发 1650 兆瓦的风力发电场，以学习中国先进的可再生能源技术。近十余年来，印度没有再对中国开展能源方面的并购或绿地投资项目。

虽然印度对中国能源投资项目数较少，但无论从规模还是项目数量上看，印方资金主要流向电力行业，包括风力发电、

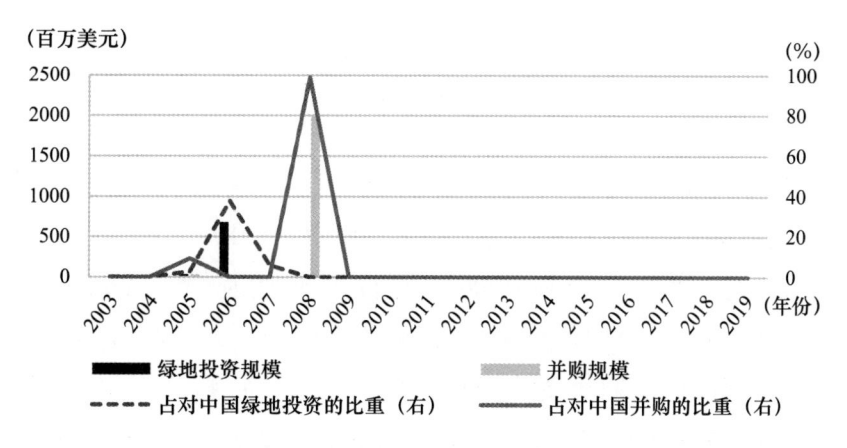

图 6.14　印度对中国能源合同绿地投资和并购的规模及份额

资料来源：Dealogic 和 FDI Intelligence。

电力传输设备，以及石油和煤炭产品等（见图6.15）。截至2019年，印度向中国能源投资规模达27.61亿美元，其中投向电力行业20.49亿美元，流向化石行业6.81亿美元，所占份额分别为74.21%和24.67%。由于电力供应短缺与电网建设滞后一直是制约印度经济发展的重要因素，通过投资发电项目，印度企业可以借鉴利用中国蓬勃发展的可再生能源领域成果，弥补国内电力供应不足，增强能源供应安全。

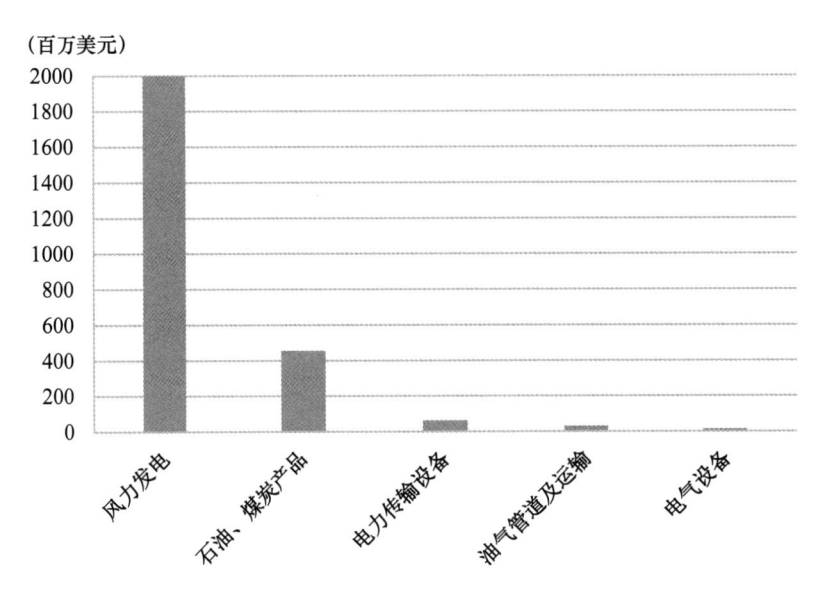

图6.15 2003—2019年印度对中国能源投资行业排名

资料来源：Dealogic和FDI Intelligence。

中印两国企业还共同出资在第三国家或地区投资能源行业，从而获得更有利的合作条件。例如，2004年，中石油与印度石油天然气公司在伊朗共同投资亚达瓦兰（Yadacaran）油田，中石油占50%份额，印方占20%份额。2006年8月，中石化与印度石油天然气公司共同出资，收购哥伦比亚石油公司50%的股份，各持股25%。2007年2月，中国燃气控股公司与印度天然气公司共同出资在百慕大群岛成立中印能源公司，各持股50%。这些成功的合作案例探索出了中印能源合作新模式，为未来中印企业共同开展对外能源投资提供了宝贵的参考经验。

## （五）中印能源投资案例

### 1. 三一集团投资印度的风电项目

**（1）企业概况**

2015年，三一集团投资印度的风电项目，合同规模达30亿美元，是近年来中国企业规模最大的投资项目。三一集团有限公司成立于1989年，是中国最大、全球第五的工程机械制造商，以工程类装备制造业为主营业务，涉及混凝土机械、挖掘机械、起重机械、筑路机械、桩工机械、风电设备、石油装备、煤炭设备等多个方面。同时，三一集团正大力发展新能源、环保等新业务，目前已成为国内风电成套解决方案和可再生清洁能源的重要提供者。

凭借一流的产品品质，三一集团广泛参建全球重点工程，其中包括阿联酋哈利法塔、北京奥运场馆、巴西世界杯场馆、上海中心、香港环球金融中心、泰国国家火车站等重大项目的施工建设。三一集团进入印度市场较早，2002年三一集团出口4台平地机到印度，首次进入印度市场；2006年投资6000万美元成立三一印度产业园，成为入驻印度的重要里程碑。

**（2）投资经过**

2014年9月17日，中国国家主席习近平在印度古吉拉特邦进行访问，印度总理莫迪全程陪同。在习近平和莫迪共同见证下，中印双方签署了关于设立输变电设备产业园区的协议。中方表示将争取在未来五年内向印度工业和基础设施发展项目投资200亿美元。双方将共同发展基础更为广泛、可持续的经济伙伴关系。①

2015年5月14日，印度总理莫迪抵达西安，开始为期3天的访华行程。两国就平衡贸易差额、新能源项目合作、非专利药物合作、高铁项目合作取得进展，共签署45项文件，包括24项政府间协议和21项商业协议。②访华期间，莫迪表示，目前印度正在推进"印度制造"、能源及基础设施建设的发展，并邀请中国富有经验的基础设施建设企业，特别是煤炭、电力产业链、价值链相关企业投资印度。

2016年10月14日，由三一集团发起组织的中国基础设施（能源）工商企业考察团赴印度考察。考察团与印度政府就能源、基础设施建设、住宅工业化等投资项目进行了交流。在可再生电力能源方面，中方计划投资印度风力发电、光伏发电项目，提供从勘测设计到设备制造、电站和运营的整体解决方案。三一集团向印总理莫迪提交了价值30亿美元的投资承诺书，表示三一集团和战略伙伴将在5—7年内，在印度投资30亿美元，滚动建设2000兆瓦的风力发电站，实现年均发电48亿千瓦时，年均减少二氧化碳排放360万吨，创造1000个就业岗位。此外，正泰集团及其他中企有意向太阳能等清洁能源领域投资近20亿美元。

2016年1月11日，三一集团与国家电力投资集团、印度安得拉邦政府签署了500万千瓦《安得拉邦清洁电力能源开发合作协议》《安得拉邦能源主体规划合作协议》2份协议。包括滚动开发两台100万千瓦的超超临界燃煤机组的电厂、300万千瓦的独立或分布式风场、太阳能电站及风光互补项目。

2016年6月20日，三一集团旗下公司三一重能与印度中央

---

① 《习近平在印度总理莫迪陪同下访问古吉拉特邦》，《人民日报》2014年9月18日。

② 《莫迪访华：中印签24个合作文件》，《新民晚报》2015年5月16日。

邦政府签署《合作谅解备忘录》，双方有意在可再生能源开发等领域展开合作，未来三一重能将协助中央邦开发风电可再生能源，并推动技术转让。

2016年7月12日，三一集团董事受邀回访印度，拜访印度中央邦政府高层、印度企业巨头阿达尼集团和印度国家风能研究所。根据此前签订的《合作谅解备忘录》，双方深入探讨了在风电等清洁能源开发等领域的合作，以期加快项目落地。

（3）经验启示

印度政府近年来积极推进清洁能源和可再生能源发展，制定了《可再生能源研究发展政策（草案）》等一系列政策和法律法规，并且设立了专门的新能源管理部门。据印度发表的《风能资源评估报告》，印度风能较为丰富的邦有中央邦、卡纳塔克邦、安德拉邦等，共208个潜在的风能基地。[①] 据估计，印度风能装机总量可达45000兆瓦。为实现清洁能源发展目标，印度未来仍将需要引入更先进的风能发电设备及技术。印度优越的风能资源和较好的政策环境，为印度未来风能发电行业带来了巨大的投资空间。

对三一集团而言，在当时较为友好的营商环境中，积极发挥自身优势，斥巨资投资印度风电项目，不仅可扩大其市场份额，增加海外收入，也能增加国际影响力，由中国制造逐渐转向国际制造。对印度而言，通过鼓励中资企业投资可再生能源和清洁能源行业。一方面减轻了能源压力，提升能源安全；另一方面带动当地经济，解决就业问题。

### 2. 正泰集团投资印度的光伏项目

（1）企业概况

近年来，正泰集团（以下简称"正泰"）深耕印度市场，积

---

① 刘晓燕：《印度清洁能源发展政策与商务投资环境》，《南亚研究季刊》2012年第2期。

极参与印度光电项目投资，是印度光伏领域最大投资者。正泰集团成立于1984年，是全球知名的智慧能源解决方案提供商。该公司于2006年进入光伏产业，形成了以新能源、能源配售、光伏设备、输配电等为主营业务，集"发电、储电、输电、变电、配电、售电、用电"为一体的运作体系，是中国机械工业企业核心竞争力十强企业之一。

（2）投资经过

2019年1月，经过印度国家标准局BIS的严格审核，正泰新能源多晶系列光伏组件成功通过实验室测试，获得印度国家标准局认证，成为业内较早一批获得印度市场"通行证"的企业之一，为正泰新能源在印度的发展打下了坚实的基础。

2019年2月，正泰集团打败多家本土企业中标印度13.75兆瓦Talangana光伏电站项目。该项目承包商为印度最大电力工程公司之一的BHEL，隶属于印度重工业部。此外，根据最新投标结果，正泰再次中标BHEL Gujarat另一光伏电站项目，总容量34兆瓦，共计约千万美元，取得了在印度光伏市场的重大突破。

2019年9月18日，南亚规模最大的国际可再生能源专业展览会（REI展）在新德里盛大开幕。正泰电源携1—6千瓦单项组串式逆变器、50/60千瓦三相光伏并网逆变器等多个核心产品亮相展览，吸引大量国际目光。

2020年1月9日，正泰光伏公益捐赠项目落地。该项目为在哈里亚纳邦的国家太阳能研究所（NISE）安装了一台9.9千瓦时的光伏提水灌溉系统，用于园区灌溉，并为光伏水泵研究实验室提供研究参考。

2020年3月，正泰电源与印度Larsen&Toubro集团旗下光伏产业公司共同建设的印度安达曼群岛NLC20兆瓦项目顺利实现并网发电。该项目是正泰电源在印度本土的又一个直流1500伏的地面电站项目，极大缓解了该地区的供电问题。

**(3) 案例启示**

印度拥有得天独厚的太阳能资源，年均光照时间 300 天，相当于年均 5000 万亿千瓦时的电力。在安永发布的一份可再生能源国家吸引力指数排名中，印度位居光伏行业第一名。[①] 政策方面，2014 年印度政府公布的太阳能振兴计划中提到，到 2022 年，印度要实现可再生能源发电装机总量 175 吉瓦，其中太阳能装机容量 100 吉瓦。[②] 2018 年年底，印度实现太阳能装机 23 吉瓦，与 2022 年 100 吉瓦的目标仍有较大距离。

印度光伏造价低廉，度电成本为全球最低。2020 年 12 月，在印度太阳能公司（SECI）举行的拉贾斯坦邦 1070 兆瓦新建太阳能项目拍卖中，成交价格再次打破了之前最低成交价，仅为 2 卢比/千瓦时（约合 2.7 美分/千瓦时）。虽然印度发电成本较低，但就消费者支付的电价而言，印度在亚太地区排在第 4 位，电力行业利润空间很大。除此之外，中国企业相较于印度企业的优势之一在于，印度普通贷款利率处于较高水平，高于中国普通贷款利率约 5%。因此，凭借较为优势的资金成本，中国企业将获得更大的获利空间。

**3. 苏司兰能源有限公司（以下简称"苏司兰"）收购宏腾能源（北京）有限公司**

**（1）公司概况**

苏司兰（Suzlon）是一家从事风能技术开发、设计风力发电厂、生产风力发电设备的综合性跨国公司，在行业内处于领先地位。苏司兰的快速发展与扩张历程中始终伴随着跨国资本运

---

[①]《印度被安永列为全球最具吸引力的光伏市场》，2020 年 12 月 2 日，Pv-magazine，http://guangfu.bjx.com.cn/news/20201202/1119350.shtml。

[②]《印度光伏行业分析报告》，2018 年 10 月 10 日，新能源投融资圈，http://guangfu.bjx.com.cn/news/20181010/932856.shtml。

营和产业链纵向整合。在印度成功上市后，苏司兰迅速开始了全球扩张的步伐，在上游收购了比利时风机齿轮箱制造商 Hansen Transmission 公司，横向收购了德国 Repower 公司 91% 的股份，大大提升了公司规模和实力。2002 年，苏司兰公司开始进入中国市场，分别在北京、上海设立了分公司及代表处，2006 年在天津设立了生产总厂。

（2）事件回顾

2008 年 7 月，印度塔提（Tanti）集团旗下的苏司兰与巴林雅卡银行（Arcapita Bank of Bahrain）合作收购了中国的风能开发企业宏腾能源（北京）有限公司的大部分股权。按计划，到 2012 年，双方将共同向宏腾至少投资 20 亿美元用于风能项目开发。2011 年，苏司兰在中国新增装机容量 96.2 兆瓦，排在第 20 位，在中国占有 0.5% 的市场份额。

（3）**案例启示**

苏司兰前期的快速成长得益于印度优秀而低廉的人力资源和在欧洲地区设立研发基地的技术优势，这使得该公司在印度之外的订单高达 90%。但其在中国的投资则面临了巨大的挑战。目前，苏司兰公司在中国市场的份额不足 3%，远低于其 10% 的目标。近年来，在中国单位设备价格逐年下降的大环境下，其市场占有率还在不断减少。原因在于，中国本土企业的度电发电价低于苏司兰，该公司不再占有风电的价格优势。同时，苏司兰的产品与国内外一流企业有较大差距，如 GE、西门子、歌美飒等已开始积极研发 3 兆瓦、5 兆瓦等大容量机型，而苏司兰陆上最大风机容量仅 2.1 兆瓦。如果未来苏司兰公司仍无法解决其价格劣势和技术瓶颈，那么该公司很有可能被中国本土新兴企业彻底挤出中国市场。同样，价格劣势和技术较落后也是影响其他印度企业投资中国能源行业的重大阻碍。

## （六）中国对印能源投资面临的机遇和挑战

### 1. 中国企业投资印度能源行业的机遇

中国企业在印度能源行业投资已积累了一定经验，凭借印度优越的可再生能源资源与中国先进的可再生能源技术和配套设备，印度能源行业仍有较大资金吸引力。

**（1）印度可再生能源丰富**

印度拥有丰富的可再生能源，包括太阳能、风能、水电资源和生物质能等，是构成印度"可持续和包容性增长"（sustainable and inclusive growth）的重要推动因素。据估计，光伏发电占印度各类可再生能源潜在发电能力的83.5%。为实现电力供应和可持续发展，莫迪政府已对监管和政策进行了一系列改革，如印度可再生能源发展局提出的"印度建设"和"再投资"战略，旨在鼓励外资企业投资印度光伏行业。此外，印度光伏造价低廉，度电成本全球最低。因此，印度凭借其丰富的太阳能资源和低廉的成本优势，吸引了金砖国家新开发银行、世界银行等国际组织和富士康等国际企业的目光。

**（2）中印能源互补性强**

中印能源的互补性或差异性体现在：中国在燃煤火电、核能、太阳能、风能、电网（特高压）等能源的技术和设备制造领先印度，且资金实力和工程施工能力显著强于印度；而印度在能源信息化管理和企业国际化程度方面具有优势。在太阳能和风能领域，中国的技术先进，设备成本低，而印度具有丰富的太阳能和风能资源，但光伏与风电的设备制造业发展较薄弱，因此，中印可通过合资、技术转让等方式，增加对光伏、风电行业的投资。在燃煤发电设备制造、大型电站的设计和制造、水电成套设备制造、电网的建设与管理等方面，中国具有成熟的技术和丰富的经验，而电力供应短缺与电网建设滞后却一直是制约印度经济发展的重要因素。因此，中印在发电项目的投资和建设领域具有巨大的合作空间。

**（3）印度投资政策不断完善**

印度 1991 年经济改革以来，外资被允许进入更广泛的产业投资，这极大地推动了经济增长。2014 年莫迪上台以来，外资政策进一步放宽，三年内进行了 37 次改革，进一步加大了 FDI 优惠政策。目前，印度能源行业在不稀释国内单位股权的情况下，石油炼制企业外资投资比例可达 49%。[①] 印度一些地区优惠政策更具吸引力，投资印度东北部经济较为落后的邦可以享受到不同程度的优惠，如十年免税、运费补贴等。

**2. 中国企业投资印度能源行业的挑战**

中国企业在印度能源行业的投资，不仅面临着投资环境、电力和煤炭供应的充足性、基础设施的可获得性、政策稳定性和社会治安等共性挑战，而且存在着双边政治互信高度不足和边境对峙事件时有发生的个性风险。其中，后者的挑战更为严峻。

**（1）双边关系紧张**

在国际经贸领域的合作中，良好的双边关系起着重要的助推作用。在历史遗留问题作用下，中印双边的领土纠纷、印巴问题等始终影响着两国政治关系。同时，印度意图成为区域领导者的计划从未停止。随着经济实力日益壮大，中国与该地区国家的合作与日俱增，这增加了印度对自身在该地区影响弱化的担忧。自 2013 年 "一带一路" 倡议提出以来，印度一方面希望借助溢出效应带动印度经济发展，另一方面又赋予其政治战略和外交意图，特别是将中国与巴基斯坦和斯里兰卡的港口建

---

[①] 谢向伟、龚秀国：《"一带一路"背景下中国与印度产能合作探析》，《南亚研究》2018 年第 4 期。

设合作视为包围印度的"珍珠链"战略,始终没有对"一带一路"倡议表达明确态度。① 对于"孟中缅印"经济走廊的建设,印度也多从竞争角度看待。随着美日对该地区的关注,"中国威胁论"在该地区不断被提及,这进一步降低了中印间的政治互信程度。

近年来,中印双边关系紧张。这不仅造成了在印中资企业的经济损失,还有可能威胁到生命安全。目前,中印边境对峙状况虽有所降温,但仍处于紧张状态。

2020 年以来,印度政府出台了多项新政策,其中包括 2020 年 4 月出台的《为抑制 COVID-19 流行期间机会性收购/并购印度企业的相关外商直接投资审查政策》。内容包括:与印度接壤的国家商业实体,只能根据印度政府的指引进行投资;在印度直接或者间接转让现有印度企业的所有者权益,最终受益人/所有人属于上述范围内的也应获得印度政府批准。从与印度接壤的国家来看,该项政策针对中国企业意图明显。② 目前,多家中资企业承建的具有印度中央或地方政府背景的铁路、地铁、电站脱硫项目已被印方强制解约。未来中国企业投资印度能源行业将面临更加严格的审核。

无论从经济实力还是军事实力来看,中国都全面领先于印度,特别是在新冠疫情的影响下,两国都不愿将矛盾过分升级,不愿爆发大规模冲突甚至战争。当然,如果印度国内激进主义不受控制,舆论可能会助推局部冲突的发生。未来中印双边关系的稳定面临诸多政治障碍,这将对中国企业投资印度能源带来极大不确定性。

---

① 吕赛、钟昌标:《新国际关系格局下中印经贸协调与合作研究》,《印度洋经济体研究》2019 年第 6 期。

② 房芳、韩国豪:《新形势下在印投资经营风险分析及应对》,《国际工程与劳务》2020 年第 11 期。

**（2）投资环境欠佳**

印度投资环境和营商环境排名较靠后，总体投资风险较高。据世界银行 2020 年公布的《营商环境报告》数据显示，印度在 190 个国家中位列第 63 名，该数据主要参考开办企业、办理施工许可证、获得电力、登记财产、获得信贷和跨境贸易等 10 项指标综合得出。其中，印度在开办企业、登记财产、纳税和执行合同的排名均在 100 名之后，而在保护少数投资者、获得信贷方面得分较高。

印度的基础设施较为落后。根据世界经济论坛公布的全球竞争力指数，印度基础设施在 139 个国家中位列第 91 名。印度电力供给缺口较大且不稳定，电网输送损耗严重，排水设施老旧，内河运输能力差。虽然印度的公路和铁路在运输总长度上位居世界前列，但大多修建于英国殖民时期，使用时间较久且缺乏必要的维修，导致交通秩序混乱，运输效率低下。[1] 基础设施落后，交通运输欠发达可能影响企业正常生产运营。以燃煤电力企业为例，可能发生因运输不及时而导致原料供应短缺的情况，从而造成不必要的损失。虽然近年来印度政府积极改善基础设施落后的现状，已批准多个如光伏发电和公路升级改造项目，但要使得印度基础设施水平与其经济增速相匹配，仍有较长一段路要走。

印度劳动力总体水平不高，数量庞大且价格低廉。印度产业工人每月工资约为 6000—9000 卢比（折合 580—880 元人民币），远低于印度工资水平，但印度高素质人才和熟练技工相对稀缺，不利于技术密集型企业发展。此外，印度劳工法极大程度地保护了劳动者权益，且对员工福利和退休养老金有较高要求。印度工会势力强大，有时会组织或支持员工进行游行示威

---

[1] 赵蕾、王国梁：《剖析印度的投资环境与投资需要注意的问题》，《对外经贸实务》2016 年第 11 期。

活动,迫使企业给予更高的薪资待遇和福利水平。例如,本田摩托车印度公司共经历过5次罢工,前4次罢工给公司带来约40亿卢比的损失。① 目前,还未出现针对中资企业的罢工情况,但印度工会的强势地位会对中资企业的正常经营构成潜在威胁。

(3) **印度法律体系复杂**

印度法律主要继承了英国殖民时期的法律制度,中央政府、邦政府、地方各级政府均有权制定法律规则。目前,印度外国企业投资的立法尚未形成体系,对于许多问题的规定基于多个文件,中资企业往往花费较长时间才能适应印度繁冗复杂的法律制度。同时,印度禁止外国律师和律师事务所在印度国内从业,在印度的中资能源企业有可能因缺少专业的法律人员而面临合规问题。在目前中印关系紧张时期,印度反华情绪可能已或多或少地渗入印度司法系统,在存量案件的处理中可能有失偏颇。此外,印度合同欺诈问题突出。联合国贸易和发展会议数据显示,截至2018年,印度政府共24次被诉诸国际投资仲裁,其中大部分原因为违反投资协议,有违公平待遇条款。这对中国企业在印开展能源投资带来了潜在的合规风险和违约风险。

---

① 《令雇主们瑟瑟发抖的印度工会到底是怎样的存在?》,2019年12月4日,知乎,https://zhihu.com/p/95110818。

# 七 碳达峰碳中和目标与中国的能源转型[*]

当前，尽早实现碳达峰和碳中和已成为国际社会的共识与行动，全球约有130个国家计划在21世纪中叶达成碳中和目标，占全球碳排放总额的61%左右。碳达峰、碳中和目标是中国政府立足新发展阶段，贯彻"绿水青山就是金山银山"的理念，在充分考量国内外环境和全面权衡利弊得失的基础上所作出的重大战略决断，攸关中华民族的根本福祉与经济社会的绿色转型发展。作为一个产业结构偏重、能源消费偏煤、能源效率偏低、油气供应风险偏高和可再生能源设备制造能力较强的发展中大国，碳达峰、碳中和目标压力将会倒逼中国的经济和能源结构调整，甚至构成前所未有的颠覆性冲击。因此，展望阐述碳达峰、碳中和目标下中国能源革命和发展的特征，分析碳达峰、碳中和目标对中国经济和能源的影响机制，探讨碳达峰、碳中和目标的可能实施路径，对于促进中国的新能源革命和绿色低碳转型，具有重要的理论价值和现实意义。

## （一）碳达峰碳中和目标与中国可持续发展战略

目前，温室气体排放引发的环境污染和气候变化问题已构

---

[*] 本部分作者王永中，中国社会科学院世界经济与政治研究所研究员。

成全球经济社会可持续发展的严峻挑战。煤炭、石油和天然气等化石能源的大规模发现和利用,极大地提高了劳动生产率,人类社会实现了大繁荣和大发展。但与此同时,化石燃料燃烧所排放的二氧化碳累计达2.2万亿吨,产生了严重的环境污染和气候变化问题。自工业革命以来,大气中的二氧化碳浓度持续上升,目前已达到419ppm;全球地表平均温度已升高1.1摄氏度,若不加控制,在21世纪下半叶有可能进一步升高至2.5摄氏度。① 地表温度的上升,会造成一系列的气候和环境问题,主要有:一是冰川融化,海平面上升,一些岛屿和沿海城市可能被淹没;二是病虫害增加,传染性疾病暴发概率急剧上升,人们生命健康和农作物生产将遭受严重威胁;三是气候反常加剧,极端气候现象频发,全球经济社会运行和能源供应的不确定性风险大幅上升;四是土地干旱化程度加深,沙漠化面积持续扩大,生态环境进一步恶化。这显然超越了地球生态系统的自我修复能力。

碳达峰和碳中和是应对温室气体排放与环境污染问题的必经之路。关于"碳"的内涵,有狭义和广义之分。狭义的"碳"是指二氧化碳,广义的"碳"则指温室气体,即除了二氧化碳外,还包括甲烷、氧化亚氮、氢氟碳化合物、全氟碳化合物、六氟化硫、臭氧等。需要指出的是,空气污染物通常与温室气体一起排放,如化石燃料燃烧、工业加工生产、废物处理等。而且,绝大多数空气污染物,如烟尘、硝酸盐、硫酸盐、臭氧等,均对气候产生负面影响。从而,减少温室气体排放会显著改善空气质量和公共健康。所谓"碳中和"是指碳的排放量和清除量基本达到平衡,实现净零排放。根据碳中和目标的设计思路,在技术进步和创新取得重大突破

---

① 黄震:《聚焦碳达峰碳中和,推动能源绿色转型》,2021年5月11日,https://m.thepaper.cn/baijiahao_12623647。

的情形下，经济增长将与碳排放实现根本性脱钩，人类社会在维持全球经济稳定增长的同时，人为碳排放量将降至极低的水平，且这一极低的碳排放将通过碳捕捉与封存（CCS）、植树造林等方式人为吸收，从而将所排放的二氧化碳对自然环境产生的影响降低到净零程度。2019年，全球碳排放量为401亿吨二氧化碳，其中86%源自化石燃料利用，14%由土地利用变化产生，这些排放量被陆地碳汇吸收了31%，被海洋碳汇吸收23%，剩余的46%滞留于大气中的碳需要通过碳中和的方式予以吸收掉。①

顺应风起云涌的国际碳中和运动大势，中国政府宣布"力争2030年前二氧化碳排放达到峰值，努力争取2060年前实现碳中和"，并承诺"到2030年，中国单位GDP二氧化碳排放将比2005年下降65%以上，非化石能源占一次能源消费比重将达到25%左右"。而且，在"十四五"规划纲要中，明确强调坚持"绿水青山就是金山银山"理念，并"实施可持续发展战略，完善生态文明领域统筹协调机制，构建生态文明体系，推动经济社会发展全面绿色转型，建设美丽中国"，且将"单位GDP能源消耗累计降低13.5%，单位GDP二氧化碳排放累计降低18%"作为约束性减排目标。为推进碳达峰、碳中和目标的实现，"十四五"规划要求各级政府"落实2030年应对气候变化国家自主贡献目标，制定2030年前碳排放达峰行动方案"，并"锚定努力争取2060年前实现碳中和，采取更加有力的政策和措施"。

碳达峰、碳中和目标的提出，是党中央立足新发展阶段和贯彻新发展理念，在通盘考虑全球发展大势、国内现实条件和潜在成本收益的基础上作出的重大战略决策，事关中国

---

① 丁仲礼：《中国"碳中和"框架路线图研究》，2021年5月30日，https://wenhui.whb.cn/third/baidu/202105/30/407093.html。

经济社会的长远发展、中华民族的根本福祉和人类命运共同体的构建。经过40余年的改革开放和经济快速增长，中国出口导向型经济增长模式取得巨大成功，成长为世界工厂和全球第二大经济体，人均GDP已经基本上超越全球平均水平，即将迈入高收入国家的行列，并形成了一个4亿人口的庞大中产阶段群体，居民消费需求不断升级，不再满足于低层次物质消费需求，对于高品质生活和美丽和谐生态环境的需求日益强烈。然而，各级政府部门以往高度强调追求经济增长和创造就业机会，在环境保护领域上历史欠账较多，导致环境污染和资源耗竭问题较为严重。党的十八大以来，中国适时对经济结构进行调整，不再片面追求经济的高速增长，经济增长方式正逐步由出口导向、投资驱动和资源消耗向消费驱动和科技创新驱动转变，注重同步推进物质文明建设和生态文明建设，以促进经济社会发展的低碳和绿色转型，建设人与自然和谐共生的现代化。碳达峰、碳中和目标将会有力促进中国的新能源革命和产业结构升级，培育绿色发展动能，提升经济社会发展质量效益，实现经济繁荣发展和生态环境质量持续改善的有机统一，为中国在"十四五"规划末期进入高收入国家行列、2035年基本实现社会主义现代化并达到中等发达国家水平、本世纪中叶建成富强民主文明和谐美丽的社会主义现代化强国筑牢根基。作为最大的发展中国家和碳排放国，中国的碳达峰、碳中和目标极大地推动了全球碳中和运动，展现了中国加快绿色低碳发展的决心和负责任大国的担当，为全球应对气候变化贡献了中国智慧和中国方案，为全球生态文明以及人与自然生命共同体的建设注入了强大动力。中国的碳达峰、碳中和目标是全球碳中和的一个里程碑事件，导致宣布碳中和目标的国家的碳排放份额由20%大幅升至48%。2021年1月，在美国拜登政府提出2050年实现碳中和目标后，宣布碳中和国家的碳排放份额进一步攀升至61%。①

## (二) 双碳目标下全球能源革命和转型的特征

碳达峰、碳中和目标将会触发全球和中国的能源系统革命，促进经济全面绿色低碳转型。碳减排是实现碳达峰、碳中和目标的基础性路径，而碳封存、碳捕捉和森林碳汇等起辅助性作用。从经济结构和能源结构角度看，碳减排的途径理论上主要有三条：一是调整经济结构，控制钢铁、电解铝、水泥和玻璃等高能耗高排放行业的发展规模，降低能源消耗强度大的制造业特别是重工业的比重，提高能源强度较小的服务业和轻工业的比重；二是调整能源结构，降低碳含量高的煤炭、石油等化石能源的消费比重，提高零碳的可再生能源以及低碳的天然气等清洁能源的消费比重，加快工业、建筑、交通等领域的电气化；三是通过科技手段，全面推进电力、工业、建筑、交通等重点领域节能，提高能源使用效率，减少能源生产、运输和消费环节的浪费，降低单位GDP能耗。随着碳达峰、碳中和目标的不断推进，未来全球和中国能源系统的革命和发展将呈现如下特征：

第一，能源结构趋于多元化，非化石能源将逐渐占据主体地位。在历史上很长的一段时间，全球能源系统通常被一个单一能源支配。在农耕社会，薪材占据统治地位。在20世纪上半叶，煤炭是主体能源。后来，随着煤炭地位的下降，石油成为居支配地位的能源。碳中和转型意味着未来20余年能源结构将出现前所未见的多元化局面，石油、天然气、可再生能源和煤炭将可能四分

---

① Goldman Sachs, "Carbonomics China Net Zero: The Clean Tech Revolution", Equity Research, January 20, 2021, https://www.goldmansachs.com/intelligence/pages/gs-research/carbonomics-china-netzero/report.pdf.

天下，各占 1/4 的份额。伴随着低碳转型的推进，主体能源将由石油、天然气、煤炭等化石能源向可再生能源逐步过渡，预计非化石能源可能在 21 世纪 40 年代早期占据主导地位。可再生能源占一次能源的比重将由 2018 年的 5% 升至 2050 年的 50% 左右，化石能源的比重则相应由 85% 降至 30% 左右。①

第二，煤炭和石油消费将显著下降，天然气需求则相对稳定。体现在：一是煤炭消费将会持续显著下降。根据《BP 世界能源统计年鉴（2020）》的预测，2050 年，煤炭消费可能下降 85%—90%，在一次能源结构中的比例将低于 5%。全球煤炭消费下降将由中国驱动，中国的煤炭消费下降量将占全球煤炭消费削减量的一半左右。电力部门减碳程度最高，削减量约占煤炭消费下降总量的 2/3。② 二是全球石油需求可能已达峰。新冠疫情导致石油消费行为发生变化，居家办公和自驾出行需求上升，外出旅行和乘坐公共交通的需求下降。在能效改进和电动汽车销售强劲增长等因素的作用下，汽车行业不再扮演石油需求引擎的角色。全球石油需求可能在 2019 年达峰，将难以恢复到新冠疫情暴发前的水平。中国石油需求在 2030 年会达到峰值，但印度的进口需求会继续上升。2050 年，全球日均石油需求量可能下降 3000 万—5500 万桶。三是作为清洁能源和过渡能源，天然气需求较为稳定。未来 15 年，中国和印度等亚洲经济体的"煤改气"进程加快将会驱动天然气需求继续稳定增长，预计天然气消费在 2035 年前后达峰。2036—2050 年，中国和欧洲的天然气需求可能会下降。2050

---

① "EnergyOutlook", BP, 2020, https：//www.bp.com/content/dam/bp/business-sites/en/global/corporate/pdfs/energy-economics/energy-outlook/bp-energy-outlook-2020.pdf.

② "EnergyOutlook", BP, 2020, https：//www.bp.com/content/dam/bp/business-sites/en/global/corporate/pdfs/energy-economics/energy-outlook/bp-energy-outlook-2020.pdf.

年，全球天然气消费可能回落至2018年的水平。

第三，电力和氢能在能源结构中的地位显著提升。鉴于发电部门去碳化程度较高，在碳中和目标导向下，应尽量用电力来取代化石能源作为最重要的能量来源，电气化程度将会大幅提高。考虑到可再生电源的间歇性和不稳定性特征，未来电力系统的智慧化水平将显著增强，会通过互联网、物联网、人工智能、大数据、云技术等，将人、能源设备、能源服务互联互通，使电源、电网、电荷以及能源存储相互协调。然而，不同行业或部门电气化程度存在差异。一些行业或部门难以实施电气化，如钢铁、水泥和化工等高温的工业生产加工过程，以及远程交通运输，包括重型卡车、航空和海运等。对于这些难以电气化的过程需要采取替代性的低碳或零碳能源。利用可再生能源（光伏或风电等）制取氢、氨和可再生合成燃料，用于汽车、船舶、航空和工业等。特别是可再生合成燃料是一项极具潜力的变革性技术，采用可再生能源来合成液体燃料，一旦取得技术突破，将使交通和工业燃料不再依赖化石能源。①

第四，光伏太阳能将占据能源系统的中心地位。在过去的十余年中，光伏太阳能发电成本下降82%—90%，在绝大多数国家低于新的燃煤发电或天然气发电的成本。太阳能光伏的年新增装机容量在2021—2025年预计为250吉瓦，在2026—2035年预计达到350吉瓦，约等于2000年以来年均新增装机容量（60吉瓦）的4倍、6倍。2030—2050年，以太阳能为代表的可再生能源将逐步由替代能源向主体能源过渡，太阳能将占据全球能源系统的中心舞台。根据IEA 2020年的预测，2030年，可再生能源发电将会满足80%的电力需求增加。② 未来一段时间，

---

① 黄震：《聚焦碳达峰碳中和，推动能源绿色转型》，2021年5月11日，https://m.thepaper.cn/baijiahao_12623647。

② "World Energy Outlook 2020", International Energy Agency (IEA), October 2020, http://www.iea.org/topics/world-energy-outlook.

水电仍然是最大可再生电力来源,但2022年后,电力供应增长主要来源于太阳能光伏发电,紧随其后的是陆上风电和海上风电。伴随着太阳能、风能和能源效率技术的快速发展,氢能、碳捕捉使用和储存、核能会有大的发展。这有助于形成以新能源为主体的新型电力系统,常规火力发电将从目前的基荷电力转变为调峰电力,结合CCS的火电,将为大电网稳定性和灵活性提供保障,实现电力零碳化。

第五,可再生能源快速发展导致关键金属长期需求大幅上升。与传统化石能源发电不同,光伏、风电和电动汽车需要更多的金属。锂、镍、钴、锰、石墨对于电池的功效、寿命和能源强度非常重要。稀土永磁材料对于风力发电机和电动汽车至关重要。电网需要大量的铜和铝,其中铜是电力系统的基石。电动汽车的金属使用量是普通燃油汽车的6倍,陆上风力发电站的金属需求量是天然气发电站的10倍。根据IEA2021的预测,在实现《巴黎协定》目标的情形下,未来20年,可再生能源部门的金属需求份额将大幅提升,在铜、稀土元素中的消费份额将超过40%,在镍和钴中的需求份额将达60%—70%,在锂中的消费份额超过90%。电动汽车和储能电池将替代消费者电子产品成为最大的锂消费部门,并在2040年成为镍的最大消费者。若2050年实现全球碳中和目标,全球能源转型步伐将会进一步加快,2040年金属需求将比2020年增长6倍多。作为主要需求方,电动汽车和储能电池的金属需求在2040年将会至少增加30倍。锂需求将经历最为迅猛的增长,2040年将增长40多倍,紧随其后的将是石墨、钴和镍,将增长20—25倍。[1] 电网的扩张意味着电缆的铜需求将会加倍。

---

[1] "The Role of Critical Minerals in Clean Energy Transitions", IEA, May 2021, https://www.iea.org/reports/the-role-of-critical-minerals-in-clean-energy-transitions.

## （三）双碳目标对中国经济和能源系统的影响

作为一个产业结构偏重、能源消费偏煤、能源效率偏低、油气供应风险偏高和可再生能源设备制造能力较强的发展中大国，碳达峰、碳中和目标的提出及实施，将会对中国的经济结构和能源系统构成全面深远的影响，甚至是前所未有的颠覆性冲击。碳达峰、碳中和目标对于中国是挑战和机遇并存，中国既经受着经济和能源结构调整的巨大压力，又面临着推进绿色低碳转型发展和续创新能源科技新优势的时代机遇。

第一，减排任务重和向碳中和过渡时间短，加大了产业和能源结构调整的压力与风险，倒逼经济结构低碳转型。相较于发达国家，中国在经济结构、能源结构和能源效率上存在明显劣势，在推进碳达峰、碳中和目标上面临着巨大的障碍和挑战，加大了产业和能源结构调整的压力与成本。体现在：一是碳减排任务艰巨。目前，中国是世界上最大的碳排放国，人均碳排放列49位，是全球平均水平的1.6倍。2019年，中国碳放量占全球的28.8%，接近排名第2位至第5位的美国、印度、俄罗斯和日本四国的总和，中国人均碳排放水平虽相当于美国的一半，但已超过英国、法国等一些欧盟国家。二是碳达峰向碳中和过渡的时间短。发达国家已实现自然碳达峰，向碳中和过渡的时间有五六十年，其能源转型是沿着先由石油替代煤炭、再由天然气替代石油的递进规律自然形成的，而中国尚未实现碳达峰，城市化进程尚未完成，大量低收入群体在不同程度上存在着能源贫困现象，人均能源消费需求仍维持增长，向碳中和过渡的时间仅有30年，调整经济结构和能源结构的任务繁重，能源转型是在没有完成油气时代的条件下直接进入可再生能源时代，造成电力系统灵活性资源先天匮乏。三是制造业比重偏高和经济发展任务繁重，能源强度下降空间受到制约。发达国家已实现高度服务化,能源强度已明显下降,但中国目前刚接近高收入国家的门槛,经济发展和追赶任务繁重。要实现"十四五"规划和2035年远景规划的目标,未来15年中国经济年均增速仍然需要保持在5%这一较快的水平,才能在2025年、2035年分别进入高收入国家、中等发达国家的行列。为降低单位GDP的能耗和碳排放水平,中国可调整和优化经济结构,淘汰钢铁、水泥、玻璃等过剩行业部分产能,降低工业经济特别是高排放高污染重化工业的比重,但制造业是立国之基,不能过早去工业化,其在国民经济中的份额宜维持在40%左右。四是能源转型面临着"富煤、贫油、少气"的资源禀赋瓶颈制约。目前,煤炭在中国一次能源消费结构中的比重高达60%,非化石能源占比仅15%,石油和天然气消费高度依赖进口,能源供应安全风险居高不下,水电和核电等清洁能源发展空间受限,光伏发电和风电发展势头虽迅猛但占比太低,调整和优化现有能源结构的回旋空间小,预计未来较长一段时间煤炭仍将扮演主体能源角色和兜底保障功能。尽管中国是最大的碳排放国,但减排的潜力大且速度快。在过去20余年中,中国GDP的碳排放强度下降了40%,仅次于英国,是全球碳强度下降幅度第二大的国家,完成了哥本哈根会议的承诺和"十三五"规划的减排目标。[①]而且,碳达峰、碳中和目标压力会倒逼中国的产业结构从高污染、高排放的产业向低碳产业加快转型。低碳产业转型会提高产业的全要素生产率、改变生产方式、培育新的商业模式,有助于促进中国实现经济结构调整、优化和升级的目标。

第二,能源和环境成本上升导致中国制造业成本增加,国际价格竞争力削弱。碳达峰、碳中和目标对中国制造业竞争

---

① Goldman Sachs, "Carbonomics China Net Zero: The Clean Tech Revolution", Equity Research, January 20, 2021, https://www.goldmansachs.com/intelligence/pages/gs-research/carbonomics-china-netzero/report.pdf.

力的影响是国内关注的一个焦点。目前,中国是世界工厂和第一制造业大国,约进口了全球一半的金属矿石资源。据联合国的一项统计,2018年中国制造业增加值达4万亿美元,分别远超美国的2.3万亿美元、日本的1万亿美元、德国的8000亿美元,约相当于这三个老牌工业强国的总和。客观地看,中国制造业之所以取得如今世界工厂的地位,固然与高素质且低成本的劳动力、完整的工业产业链条和产业集聚的优势相关,但一个不可忽视的因素是未将生态环境成本计算在内。在当前能源技术没有取得明显突破,碳减排以产业结构调整、节能增效和非化石能源发展为主要手段的情形下,加大碳减排力度,显然会增加企业的成本,削弱制造业的竞争力。对煤炭、金属冶炼、钢铁和水泥等高排放行业的产能限制,会导致能源、金属原材料和建材的供应紧张与价格上涨。而且,现阶段的风电与光伏实际上并未实现真正意义上的"平价",没有考虑电力波动性所造成的电网平衡与消纳成本。据估算,假设2030年中国风电、光伏发电渗透率达到20%—30%,可能导致全社会度电成本增加0.031—0.059元,并致使CPI、PPI分别上升0.21%—0.42%、0.48%—0.94%。[①] 另外,欧盟拟于2023年实施的碳边境调节税将对中国输欧商品产生负面影响,其中,机械设备业、金属制品业、非金属矿物制品业等行业受冲击较大。碳达峰、碳中和目标虽会增加中国制造业的环保成本,在一定程度上削弱中国制造的价格竞争力,但也会引导国内制造业企业加快转型升级的步伐,从长远看有利于提升中国制造的国际竞争力。

第三,可再生能源行业扩张将创造就业机会,巩固光伏和风电设备制造的国际竞争力,有利于抢占国际绿色科技竞争

---

[①] 刘满平:《推进碳达峰、碳中和需应对六大经济风险与挑战》,2021年6月13日,https://www.sohu.com/a/471939866_121134460。

制高点。当前，科技革命对全球经济和能源系统产生了深刻影响。人工智能、大数据和量子信息等信息技术的发展，不仅改变了人们生活、工作和联系的方式，创造了新的产业、经济机会和商业模式，而且推动了储能电池、太阳能光伏电池、电动汽车等清洁能源技术出现前所未见的突破，并使可再生能源有望成为引领21世纪科技进步和经济繁荣的前沿新兴产业。随着低碳经济转型的加速，将会有越来越多的就业岗位由传统的化石能源、高耗能高排放的部门向新兴产业部门转移。而且，当可再生能源的技术成本不断降低和性能不断提升时，光伏发电和风电等新兴技术发展在创造就业上的正面效应便越发凸显，因此，越快拥抱新能源技术革命的国家，越可能在21世纪经济科技发展中抢占优先地位。中国在发展可再生能源和新兴绿色经济领域处于较为领先的地位，如太阳能光伏电池、储能电池、电动汽车、5G、人工智能等。但与国际先进水平相比，中国绿色低碳重大战略技术储备不足，整体仍处于"跟跑"状态。在过去的十余年中，中国可再生能源部门创造了大量的就业机会。2010—2019年，中国对可再生能源部门的投资达8180亿美元，成为太阳能光伏发电和光热发电的最大市场。2010—2019年，中国在可再生能源行业创造了440万个工作岗位，约占全球的38%，其中，光伏发电部门提供就业机会220万个，占59%；海上和陆上风电创造50万个就业岗位，占44%；水电部门提供就业机会60万个，占29%；太阳能加热和制冷部门创造就业职位70万个，占81%。① 根据Goldman Sachs2021的预测，截至2060年，中国在清洁技术基础设施领域的投资将达16万亿美元，

---

① Energy Foundation, "China's New Growth Pathway: From the 14th Five-Year Plan to Carbon Neutrality", Synthesis Report 2020 on China's Carbon Neutrality, December 2020, https://cgs.umd.edu/news/chinas-new-growth-pathway-14th-five-year-plan-carbon-neutrality.

创造4000万个就业机会。而且，中国是可再生能源制造业大国，拥有全球70%的光伏产能和40%的风电产能，全球碳达峰、碳中和目标将为中国的光伏发电和风电设备提供巨大的市场机会。中国可通过鼓励可再生能源行业的扩张，创造工业机会，推动国内绿色经济发展，并提升可再生技术的国际竞争力，抢占21世纪绿色科技领先国家地位。

第四，风电光伏大规模并网对电力系统安全运行构成威胁，煤电有序退出面临巨大困难。电力行业是实现碳达峰、碳中和目标的主战场，电力替代化石能源的进程将会加快，电气化时代会加速到来。这对中国电力系统而言，既是难得的发展机遇，又是巨大的挑战和紧迫的任务。电力行业是中国最主要的碳排放部门，且一煤独大的特点突出。2020年，中国电力行业碳排放占全国碳排放总量的37.0%；煤电发电量占比60.8%，而风电和光伏的发电量占比仅9.6%。在碳达峰、碳中和目标压力下，中国电力行业面临着两个紧迫的问题：一是如何在确保电力供应稳定、就业稳定和尽量减少前期投资浪费的前提下，逐步、有序地推进中国1000多座燃煤电厂的退役。中国的燃煤电站远比发达国家年轻，现有大部分燃煤电站是在2005年后安装的，还有数十年的设计寿命，过早退役燃煤电站不仅是以往投资的巨大浪费，而且会造成电力供应短缺问题。值得警惕的是，一些地方政府为拉动投资和刺激经济，逆势上马了一批煤电项目，这加大了煤电退出的难度，造成新的投资浪费。据统计，2020年新核准煤电装机容量合计为4610万千瓦，约占"十三五"时期核准总量的32%，是2019年获批总量的3.3倍。[①] 而且，碳中和与煤电行业产能过剩两因素叠加，导致煤电企业难以获取银行贷

---

① 《煤电碳达峰：1000多座燃煤电厂要关停吗?》，《中国新闻周刊》总第997期。

款，融资风险显著上升。二是如何处理风电光伏在未来大量并网和消纳后给电力系统安全带来的冲击。风电光伏的大规模并网会给电力系统带来间歇性挑战，如某一段时间发电量过大或过小，威胁着电力系统安全性，对电力系统的市场机制设计、规划设计、生产管理、运行控制带来挑战。同时，由于中国电力生产和消费存在着地域空间上的分离问题，以至于电力供应出现全年整体过剩和尖峰时刻短缺并存的现象。

第五，可再生能源发展有利于减少对外油气依赖度，但加大了关键金属的潜在供应风险。"富煤、贫油、少气"的能源禀赋，致使中国的油气供应高度依赖海外市场，石油、天然气消费的对外依赖度分别超过70%、40%，导致中国油气供应的地缘政治风险和运输通道风险居高不下。与油气资源地理分布失衡不同，地球上的风、光资源分布较为均衡，因此，可再生能源发展有助于降低中国的油气供应风险。不过，可再生能源行业扩张将会推动铜、锂等金属需求出现结构性增长，且金属矿石资源供应垄断程度高于油气，未来能源地缘政治焦点可能由油气转移至铜、锂等金属上，关键金属的潜在供应风险将会凸显。关键金属的供应风险主要有：一是生产地理集中度高。能源转型所需要的许多重要金属的生产集中度高于油气。例如，刚果（金）的钴产量占70%；澳大利亚的锂产量占50%以上；智利的铜产量占30%。二是项目投产期长。金属矿从发现到生产一般需要16年的时间。供应弹性小，产量难以在需求和价格快速上升时做出反应。三是资源质量下降。近年来，一些矿产品品质持续下跌。在过去的15年中，智利铜的品质等级下降了30%。提炼低品位的金属矿石需要更多的能源消耗、生产成本和温室气体排放。四是环境标准趋严。金属矿产资源的开采和加工产生环境和社会问题，如果应对不善，会危害当地社区和破坏供应。目前，要求矿企可持续和负责任生产的呼声高涨。五是气候风险上升。50%的铜、锂生产位于水资源短缺的地区。澳大利亚和非洲的金属供应易受酷热、洪水的负面影响。① 关键金属需求的快速增长对供应的可获得性和稳定性构成严峻挑战。目前，一些关键金属的产能和投资计划远低于光伏电池板、风电机和电动车快速部署的需求。金属供应风险将导致清洁能源转型的速度放慢、成本更高，阻碍全球对抗气候变化的努力。不过，中国可充分利用在稀土资源及加工、金属提炼领域的优势，提升可再生能源关键金属供应的稳定水平。

## （四）结论与对策建议

目前，国际碳中和运动风起云涌，提出碳中和计划的国家约占全球碳排放的61%。碳达峰和碳中和目标的提出，是中国政府在顺应国际碳中和大势、立足新发展阶段、贯彻"绿水青山就是金山银山"的理念、着眼中华民族伟大复兴和经济社会全面绿色转型的基础上所作出的重大战略抉择。随着碳达峰、碳中和目标的逐步推进，预计全球和中国的能源系统革命与发展将呈现五个特征：一是能源结构趋于多元化，非化石能源将逐渐占据主体地位；二是煤炭和石油消费将显著下降，天然气需求相对稳定；三是电力和氢能的地位明显提升；四是光伏太阳能将占据中心地位；五是可再生能源发展导致关键金属长期需求大幅上升。碳达峰、碳中和目标对于中国是挑战和机遇并存，挑战体现在经济和能源结构调整压力大、制造业成本上升、煤电退出困难、光伏风电大规模

---

① "The Role of Critical Minerals in Clean Energy Transitions", IEA, May 2021, https://www.iea.org/reports/the-role-of-critical-minerals-in-clean-energy-transitions.

并网威胁电网平稳运行、可再生能源的关键金属供应存在隐患，机遇表现在光伏和风电设备国际竞争力较强、对外油气依赖度降低和低碳绿色转型加快。

推进碳达峰和碳中和是一场广泛而深刻的社会、经济和能源系统革命，需要立足新发展阶段，坚持"绿水青山就是金山银山"的理念，把碳达峰、碳中和目标纳入经济社会发展和生态文明建设整体布局，充分发挥党和国家统一领导、集中力量办大事的制度优势，统筹利用国内国际各种资源，以经济结构全面绿色转型为引领，以能源绿色低碳发展为关键，深入实施可持续发展战略，促进经济社会发展全面绿色转型。具体建议如下：一是加强碳达峰、碳中和目标实现路径的顶层设计和系统谋划。设计碳达峰、碳中和两步走方案，制定2030年前碳达峰行动方案，拟定能源、钢铁、石化、建筑和交通等行业的碳达峰实施方案，完善财税、金融、土地和价格等保障措施，鼓励具备条件的地区和行业提前碳达峰。碳达峰、碳中和的实施过程应坚持循序渐进原则，注重维持经济发展与节能减排之间的平衡，应严控新增"双高"项目建设，稳妥推进存量"双高"项目的调整和退出，切忌犯急躁冒进错误和实行盲目"一刀切"政策。二是大力推进产业结构调整升级。推进供给侧结构性改革，大力淘汰落后产能，化解过剩产能，坚决遏制高排放高污染项目的无序盲目发展，鼓励发展战略性新兴产业，加快工业绿色低碳改造和数字化转型，提升农业和服务业的低碳发展水平。三是构建清洁、低碳和高效的能源体系。遏制地方投资冲动，严控新煤电项目，稳妥推进小型煤电项目的整合和有序退出。加快发展风电、太阳能发电，大力提升储能和调峰能力，构建以新能源为主体的新型电力系统。四是加大绿色低碳技术创新研发投入。建设一批国家科技创新平台，布局一批前瞻性、战略性低排放技术研发和创新项目，加大能效提升、智能电网、高效安全储能、氢能、碳捕集利用与封存等关键核心技术研发的投入力度，加快低碳零碳技术发展和规模化应用。① 五是提升可再生能源关键金属供应安全。加强国内矿产资源的勘探开发投入，鼓励废金属回收利用，提高关键金属资源的国内保障能力。通过拓展进口渠道和增加海外直接投资的方式，维护海外金属资源的供应稳定。充分利用在稀土资源及加工、金属加工领域的优势，提升中国在国际关键矿产资源市场的议价权。六是加强国际交流合作与政策协调。积极参与应对气候变化国际合作，反对将碳排放作为地缘政治的筹码和贸易壁垒的借口，维护中国的发展权益。参与国际规则与标准制定，推动建立公平合理、合作共赢的全球气候治理体系。完善绿色贸易、投资和融资体系，共同打造绿色"一带一路"。

---

① 刘春德：《碳达峰碳中和：经济社会的系统性变革》，《学习日报》2021年6月15日。

## 八　深化中印能源转型合作的对策建议*

作为亚洲地区大国和世界上最大的发展中国家，中印合作对于亚洲地区乃至全球的经济增长与和平稳定都具有明显的意义。作为重要的"一带一路"沿线国家，印度也是中国紧密的经贸合作伙伴，强化和深化双边能源转型合作符合中印两国的根本利益。但中印政治互信不足和边境紧张局势对两国经贸合作构成了严重的负面影响。鉴于中印两国都需要一个和平的外部发展环境，在政治经济领域具有诸多的互补性和合作领域。中国企业应审慎评估印度国内民族主义情绪和双边关系发展，及时做好投资风险应急预案。同时，考虑到边境问题难以在短期内解决，中国应将边境问题与经贸合作分开处理，在金砖合作机制、上海合作组织等多边合作框架下继续推进与印度的能源合作。

第一，多途径缓和中印两国双边政治关系。良好的双边关系是推进能源合作的有利助推器。现阶段中印双边关系较为紧张，双方应积极开展对话，通过谈判协商解决边界问题，维护边境地区正常秩序。对于印度国内强烈的反华情绪，敦促印度政府应有所作为，引导舆论方向，避免舆情助推矛盾激化。同

---

\* 本部分作者张春宇，中国社会科学院西亚非洲研究所副研究员；王永中，中国社会科学院世界经济与政治研究所研究员。

时，完善双边磋商机制。目前，中印两国已从高层、地方政府、商界、智库等多个层面建立起对话机制，但在缓解政治猜疑及利益分歧等问题上并未发挥有效作用。现阶段应当充分利用已有机制，稳步推进常态化交流，疫情后应鼓励民间交流，为深化双方能源合作提供良好氛围。

第二，扩展经贸合作的领域和规模，为双边能源合作的深入开展创造稳定预期。双方可从以下几个层面发力。一是改善贸易结构。中印两国的贸易失衡问题不利于两国贸易关系的长期健康发展。为减少两国贸易差额，中国可适度放宽对印度商品和服务的准入，同时通过直接投资等方式来帮助印度完善产业结构，增加出口产品种类，提高出口产品质量；印度方面需更好地发挥比较优势，着力于增加能与中国产品形成一定程度互补的产品出口，比如深受中国消费者欢迎的印度医药产品、纯天然生物产品、手工艺品、部分门类的纺织品等。二是完善营商环境。良好的营商环境有利于吸引外资进入，根据世界银行发布的《2019年营商环境报告》，中印两国营商环境相比2018年都有大幅改善，中国的营商环境排名由第78位上升至第46位，印度由第100位上升至第77位，但和发达国家相比仍有较大差距。中印两国都需要继续在知识产权保护、吸引人才、完善金融服务、优化业务流程、简化审批程序、增加外资准入、提升公共基础服务水平等方面有所作为，提升相互投资的水平。三是继续加强产能合作。产能合作在未来一段时间将是中印两国经贸合作的重要方式，对两国经济增长和产业结构转型意义重大。中国可以通过建设产业园区，鼓励中小企业"走出去"的方式，加强对印度的投资，实现部分产业的产能向印度转移，提升双方制造业在全球价值链中的位置；印度可以通过适度放宽企业准入，制定税收优惠政策等，吸引更多中国企业入驻，利用中国丰富的资金和先进的技术，推动印度工业化进程。

第三，继续在金砖合作机制和上海合作组织等多边平台上推进与印度的能源合作。俄乌冲突以来，美西方对俄实行全面的经济制裁，并逐步加大对俄能源制裁力度，不断扩大俄能源产品禁运的范围。作为两个能源需求大国，中印在维持与俄罗斯稳定的能源贸易投资关系具有共同利益、立场类似，中印应加强协调合作。在金砖合作机制下，中印同为能源需求方，利益是一致的，在与俄罗斯、巴西等能源供给方谈判时，可协调立场，争取构建有利于需求方的金砖能源合作机制。在上海合作组织内部，中印同样可发挥需求方的协同效应，在与俄罗斯、中亚国家进行能源谈判时，争取有利的合作条件。同时，中国应推动金砖国家之间投资利益保障制度的建设工作，维护中资企业在印度等金砖国家的合法权益和生命财产安全，通过多边机制缓解中印边境争端对中资企业在印业务的负面影响。另外，在油气运输通道建设方面，中国可适当支持印度的陆上油气运输管道建设，以换取印度在印度洋海域对中国油气海上运输安全提供帮助。

第四，依托 G20 机制，持续提升两国在全球能源治理中的地位。中印两国是金砖国家合作机制的成员，也都是 G20 成员国。随着金砖国家合作机制的不断完善，各国在能源、环境等可持续发展领域上已达成诸多共识。中印两国加强同其他金砖国家的能源合作将为中印两国以及金砖五国提高在 G20 能源治理中的地位奠定重要基础。中印要深度参与 G20 全球能源治理议程的设置，推动以下几方面事务进入 G20 能源议程：一是以 G20 全球基础设施中心为基础，提高对各国能源基础设施的投资力度，逐步建立起跨区域的能源互联网，确保为世界经济增长，尤其是发展中国家经济增长提供稳定的能源支持；二是推动清洁能源领域的技术研发，加大投资力度，为各国能源消费结构转型提供技术基础，为全球经济的可持续增长提供保障；三是加强能源金融资本市场监管，打击能源市场投机行为，使能源贸易避免过度金融化和杠杆化；四是推进能源数据共享，鼓励各国放松对能源数据管制，推动能源数据共享，提高能源交易活动的透明度；五是推进全球能源储备体系建设，建立应对国际能源安全应急机制；六是呼吁国际社会更多的关注能源贫困问题，为发展中国家的能源贫困人口给予必要的资金和技术支持；七是在全球气候和碳减排谈判方面，继续维持"基础四国"合作机制，加强与印度的协调合作，为发展中国家争取应有的权益。

第五，逐步解决"亚洲溢价"问题提升中印在全球能源治理中的地位。"亚洲溢价"是指中东地区的一些石油输出国对出口到不同地区的相同原油采用不同的计价公式，亚洲石油进口国要比欧美石油进口国支付更高的原油价格。"亚洲溢价"问题涉及政治、经济和历史等方方面面复杂原因，在经济层面的原因主要是，亚洲主要石油进口国对中东原油依赖程度较高，而欧美石油进口国的原油进口来源相对更多，美国有来自南美、加拿大和墨西哥的原油输入，欧洲在俄乌冲突前有来自俄罗斯的原油输入，具有更强的议价能力；为确保在欧美市场的竞争力，中东石油输出国在价格设置上更具弹性。从亚洲石油进口国内部来看，各国之间存在复杂的利益纠葛，难以形成利益共同体，以一个声音参与国际原油议价，这一问题被中东石油输出国利用，其牢牢把握了亚洲原油定价主导权。"亚洲溢价"问题很难在短期内得以解决，需要亚洲石油进口国加强合作与政策协调。一方面扩大原油来源渠道；另一方面集体协作参与议价，提高国际原油定价的话语权，实现这一目标的一个设想是由中印日韩四国联合组成"原油买家俱乐部"，通过内部协调，以一个声音参与国家原油定价，争取更为有利的原油进口价格。目前，印度多家智库正在积极研究该设想的可行性，而这一设想在中日韩三国的学术界也时常被提起，随着中印日韩的能源对外依存度持续走高，能源安全问题日益严峻，这一设想成为现实的可能性也会越来越高。

第六，加强中印油气企业间合作，避免恶性竞争。前些年，中印两国能源企业在获取海外油气资产上竞争激烈。中国大型国有石油企业在多个大型项目招标上与印度石油企业开展竞争，如，2006年中海油打败印度石油天然气公司，以26亿美元获得了尼日利亚深水区的开采许可权。中印能源企业之间的竞争导致了部分海外资产价格被抬高。① 因此，同为能源需求方，中印两国在与其他能源供给国家谈判时，可以发挥协同效应，争取更有利的合作条件。此外，中国政府应鼓励国内企业与印度企业进行良性竞争，不竞相抬价，多进行竞标合作，尽早消除油气领域的"亚洲溢价"现象。

第七，鼓励中资企业做好风险防范预案，维护自身合法权益。目前，中印边境对峙已严重损害两国政治互信，特别是印度国内对中国的敌对情绪较为严重，印度国内一些组织甚至发起了抵制中国产品、打砸中国商品的运动，对在印的中资企业造成了极大的损失。未来若边境局势升级，印方可能在税收、土地核准等方面对中资企业采取措施。更有甚者，一些印度组织可能会对中资企业采取暴力行为，威胁中资企业员工的生命财产安全。中资企业应当做好风险防范预案，警惕极端情况出现。注意经营合法合规，并加强生活办公区域的安保工作。一旦发生了合同终止、保函索兑等重大风险事件，应积极联合精通印度法律或国际仲裁的专业机构，商讨应对方案，尽可能降低损失。中资企业在对印度能源行业投资时，应尽量规避有争议的项目，避开将会造成环境污染的行业，尽可能投资清洁能源和可再生能源行业。

---

① 《中国和印度企业将联手竞购能源资产》，《投资北京》2005年第9期。

# 参考文献

房芳、韩国豪：《新形势下在印投资经营风险分析及应对》，《国际工程与劳务》2020 年第 11 期。

国家可再生能源发展中心编：《国际可再生能源发展报告 2017》，中国环境出版社 2018 年版。

国家可再生能源发展中心编：《中国可再生能源产业发展报告 2017》，中国经济出版社 2018 年版。

李江涛、张春成、翁玉艳：《基于情景的世界能源展望归纳研究（2019）》，《能源》2019 年第 8 期。

林伯强等：《中国能源发展报告 2018》，北京大学出版社 2019 年版。

刘畅、王旭冉：《中国煤炭价格波动与去产能政策的选择》，《西安交通大学学报》（社会科学版）2020 年第 3 期。

刘朝全、姜学峰：《2018 年国内外油气行业发展报告》，石油工业出版社 2019 年版。

刘春德：《碳达峰碳中和：经济社会的系统性变革》，《学习日报》2021 年 6 月 15 日。

刘晓燕：《印度清洁能源发展政策与商务投资环境》，《南亚研究季刊》2012 年第 2 期。

吕赛、钟昌标：《新国际关系格局下中印经贸协调与合作研究》，《印度洋经济体研究》2019 年第 6 期。

《莫迪访华：中印签 24 个合作文件》，《新民晚报》2015 年 5 月 16 日。

王丰：《中国电力行业规制改革历程》，《中国集体经济》2019 年第 23 期。

王云等：《中国煤炭产业生命周期模型构建与发展阶段判定》，《资源科学》2015 年第 10 期。

《习近平在印度总理莫迪陪同下访问古吉拉特邦》，《人民日报》2014 年 9 月 18 日。

谢向伟、龚秀国：《"一带一路"背景下中国与印度产能合作探析》，《南亚研究》2018 年第 4 期。

姚兴佳、刘颖明、宋筱文：《中国风电技术进展及趋势》，《太阳能》2016 年第 10 期。

张春宇、陈玉博：《中印应强化合作基础，共同推进全球能源治理》，《中国远洋海运》2019 年第 4 期。

赵蕾、王国梁：《剖析印度的投资环境与投资需要注意的问题》，《对外经贸实务》2016 年第 11 期。

《中国和印度企业将联手竞购能源资产》，《投资北京》2005 年第 9 期。

中国石油集团经济技术研究院：《2019 年国内外油气行业发展报告》，石油工业出版社 2020 年版。

Annual Reports (2018–19), Ministry of Petroleum and Natural Gas.

Energy Foundation, "China's New Growth Pathway: From the 14th Five-Year Plan to Carbon Neutrality", Synthesis Report 2020 on China's Carbon Neutrality, December 2020.

REN21, *Renewables 2019*, Global Status Report.

REN21, *Renewables 2020*, Global Status Report.

REN21, *Renewables 2021*, Global Status Report.

王永中，中国社会科学院世界经济与政治研究所国际大宗商品研究室主任、研究员，中国社会科学院大学国际政治经济学院教授、博士生导师，美国波士顿大学全球发展政策（GDP）中心客座研究员，经济学博士、博士后。研究领域：大宗商品、国际投资、货币经济、"一带一路"经贸合作。曾在日本经济研究中心和美国波士顿大学从事学术访问研究。出版专著 2 部，在《世界经济》、*China & World Economy*、《经济学动态》等主流期刊发表学术论文数十篇，主持国家社科基金、中国社科院、国家部委、地方政府、金融机构和中央企业交办与委托的课题二十余项，多次获中国社科院信息对策特等奖、一等奖和二等奖。

田慧芳，中国社会科学院世界经济与政治研究所国际大宗商品研究室副主任、副研究员，中国社会科学院中加研究中心理事、特聘研究员，中国社会科学院大学—美国杜兰大学能源管理硕士项目特聘教授。曾赴加拿大多伦多大学、瑞典哥德堡大学、加拿大西安大略大学等多所国际知名院校进行中长期学术访问。研究领域涉及国际贸易与发展、气候政策与 CGE 建模、能源转型、全球治理等。在 *Journal of Policy Modeling*、*Climate Change Economics*、*China and World Economy*、《世界经济》等国内外知名学术期刊发表学术论文多篇，主持参与的重要科研项目包括国家社科基金重大项目、亚太经合组织（APEC）"绿色金融"项目、东盟与东亚经济研究所"循环经济"项目、财政部 G20 课题、中国进出口银行非洲研究系列课题等。